X

22920

CICÉRON.

DISCOURS

POUR

P. SEXTIUS,

LATIN-FRANÇAIS EN REGARD,

AVEC SOMMAIRES ET NOTES EN FRANÇAIS;

PAR M. KORNMANN,

DE GRAY.

PARIS,

DE L'IMPRIMERIE D'AUGUSTE DELALAIN,

LIBR.-ÉDIT., rue des Mathurins-St.-Jacques, n° 5.

M DCCC XXIX.

Toute contrefaçon de cet Ouvrage sera poursuivie conformément aux lois.

Toutes mes Éditions Classiques sont *stéréo-typées d'après un procédé qui m'est particu-lier, et d'une supériorité incontestable,* sous le rapport de l'exécution, de la correction, etc.; elles sont revêtues de ma griffe.

Auguste Delalain

DISCOURS

POUR

PUBLIUS SEXTIUS.

DISCOURS

POUR

PUBLIUS SEXTIUS.

SOMMAIRE.

Sous le consulat de Lentulus et de Métellus, Publius Sextius, tribun du peuple, profita du crédit que lui donnait sa charge, pour travailler de toutes ses forces à faire rappeler Cicéron dans sa patrie. Comme Publius Clodius, homme factieux et l'auteur principal de l'exil de l'orateur, s'opposait aux efforts du tribun, il arriva que le 8 des Calendes de février, les partisans de Cicéron et ceux de Clodius prirent les armes, et se livrèrent un sanglant combat. C'est pourquoi, l'année suivante, sous les consuls Marcellinus et Philippus, Marcus Tul-

---

Cicéron commence cet exorde par insinuation, qui est d'une adresse admirable, en faisant voir la révolution qui s'est opérée dans le caractère Romain. Comme dans tous les temps d'anarchie, les bons citoyens sont accablés par les méchans. Mais ce n'est plus par des moyens ordinaires, tels que les vexations, la violence, le

I. Exordium. Si quis anteà, Judices, mirabatur, quid esset, quòd pro tantis opibus reipublicæ, tantâque dignitate imperii, nequaquàm satis multi cives forti et magno animo invenirentur, qui auderent se, et salutem suam in discrimen offerre pro statu civitatis, et pro communi libertate : ex hoc tempore miretur potiùs, si quem bonum et fortem civem viderit, quàm si quem aut timidum,

ORATIO

PRO

PUBLIO SEXTIO.

SOMMAIRE.

lius Albinovanus accusa Publius Sextius ; et, en vertu
de la loi Lutatia contre la violence, il le fit citer devant le préteur M. Emilius Scaurus. Les deux illustres
orateurs Q. Hortensius et M. Tullius Cicéron, prirent la défense de Sextius. Celui-ci dans ce discours où
se développe sa belle âme et son noble caractère, ne se
propose que d'attendrir les juges qu'Hortensius avait
convaincus. C'est un précieux monument du génie à la
reconnaissance.

L'accusé fut renvoyé absous, l'an de Rome 697 ;
Cicéron était alors dans sa cinquante-unième année.

meurtre, que ces derniers signalent leur fu-
reur ; ces moyens sont usés. Leur hypocrite
méchanceté veut employer le glaive de Thémis,
pour frapper juridiquement leurs victimes. Il
montre déjà quel degré d'intérêt mérite son
client.

I. JUGES, si l'on s'étonnait autrefois de rencontrer
dans une république aussi opulente, dans un empire
aussi puissant, trop peu de citoyens magnanimes et
courageux qui osassent se dévouer au péril pour la
constitution de l'état et pour la liberté commune ; qu'on
s'étonne plutôt maintenant de voir un citoyen zélé et

aut sibi potiùs quàm reipublicæ consulentem
Nam, ut omittatis de uniuscujusque casu cogi
tando recordari, uno adspectu intueri potestis eos
qui cum senatu, cum bonis omnibus, rempublican
afflictam excitârint, et latrocinio domestico libe
rârint, mœstos, sordidatos, reos, de capite
de famâ, de civitate, de fortunis, de liberis [1] dimi
cantes; eos autem, qui omnia divina et human
violârint, vexârint, perturbârint, everterint, non
solùm alacres lætosque volitare, sed etiam volun-
tarios fortissimis atque optimis civibus periculum
moliri, de se nihil timere [2].

2. In quo quùm multa sunt indigna, tum nihil minùs est ferendum, quàm quòd jam non pe
latrones suos, non per homines egestate et sceleri
perditos, sed per vos nobis, per optimos viro
optimis civibus periculum inferre conantur; et,
quos lapidibus, quos ferro, quos facibus, quos
vi, manu, copiis delere non potuerunt, hos vestrâ auctoritate, vestrâ religione, vestris sententiis se
oppressuros arbitrantur. Ego autem, Judices, quia
quâ voce mihi in agendis gratiis, commemorando-
que eorum, qui de me optimè sunt meriti, beneficio esse utendum putabam, eâ nunc uti cogor in
eorum periculis depellendis; iis potissimùm vox
hæc serviat, quorum operâ et mihi, et vobis, et
populo Romano restituta est.

*Hortensius a convaincu les juges de l'innocence
de Sextius. Cicéron n'a plus qu'à parler au*

II. Et quanquam à Q. Hortensio, clarissimo
viro atque eloquentissimo, causa est P. Sextii per-

---

1 *De liberis.* Pour conserver les droits des pères sur
leurs enfans; car l'exil détruisait le pouvoir paternel.
2 *De se nihil timere.* Ceci s'adresse à Clodius qui

incorruptible qu'un homme pusillanime ou égoïste. En effet, pour me dispenser de renouveler dans vos cœurs ulcérés le souvenir de tous mes malheurs, vous pouvez d'un seul regard scruter ceux qui avec le sénat et tous les gens de bien ont relevé de concert la république abattue, et l'ont délivrée des brigands domestiqués qui lui déchiraient le sein : voyez-les tous mornes, en habits de deuil, accusés et réduits à défendre juridiquement leur vie civile, leur réputation, leur honneur, leur fortune, leurs enfans; mais ceux qui ont violé, froissé, renversé, foulé aux pieds toutes les lois divines et humaines, voyez-les non seulement sémillans et joyeux voltiger avec insolence, mais même tramer la mort de nos citoyens les meilleurs et les plus intrépides, sans avoir rien à craindre pour eux-mêmes.

2. Dans cet amas d'atrocités, ce qui révolte au suprême degré c'est que ce n'est plus par leurs brigands, par des êtres perdus de misère et de scélératesse qu'ils conspirent notre ruine, mais par vous; oui, c'est par les plus vertueux citoyens qu'il veulent immoler les plus vertueux; et ceux qu'ils n'ont pu détruire par les pierres, les poignards, les torches, la violence, les sicaires, ils pensent les accabler par votre autorité, votre justice, et vos sentences. Pour moi, Juges, je comptais que ma voix désormais consacrée à témoigner ma reconnaissance, ne servirait qu'à raconter les bienfaits de ceux à qui je dois tant; mais je suis forcé de l'élever aujourd'hui pour conjurer les périls qui les menacent; que cette voix soit donc toute à ceux dont le zèle me l'a rendue pour vous et le peuple Romain.

nom de l'amitié et de la reconnaissance. Précaution oratoire à ce sujet. Exposition.

II. L'illustre orateur Quintus Hortensius a plaidé la cause de P. Sextius avec beaucoup d'éloquence; et

---

s'était fait nommer édile pour se soustraire à l'accusation dirigée contre lui.

orata; nihilque ab eo prætermissum est, quod aut pro republicâ conquerendum fuit, aut pro reo disputandum : tamen aggrediar ad dicendum, ne mea propugnatio ei potissimùm defuisse videatur, per quem est perfectum, ne cæteris civibus deesset. Atque ego sic statuo, Judices, à me in hâc causâ, atque hoc extremo dicendi loco, pietatis potiùs, quàm defensionis; querelæ, quàm eloquentiæ; doloris, quàm ingenii partes esse susceptas.

4. Itaque, si aut acriùs egero, aut liberiùs, quàm qui ante me dixerunt, peto à vobis, ut tantùm orationi meæ concedatis, quantùm et pio dolori, et justæ iracundiæ concedendum putetis : neque enim officio conjunctior dolor ullius esse potest, quàm hic meus, susceptus ex hominis, de me optimè meriti, periculo; neque iracundia magis ulla laudanda, quàm ea, quæ me inflammat eorum scelere, qui cum omnibus salutis meæ defensoribus bellum esse sibi gerendum judicaverunt.

5. Sed, quoniam singulis criminibus cæteri responderunt, dicam ego de omni statu P. Sextii, de genere vitæ, de naturâ, de moribus, de incredibili amore in bonos, de studio conservandæ salutis communis atque otii; contendamque, si modò id consequi potero, ut in hâc confusâ atque universâ defensione, nihil à me, quod ad vestram questionem; nihil, quod ad reum; nihil, quod ad rempublicam pertineat, prætermissum esse videatur. Et quoniam in gravissimis temporibus civitatis, atque in ruinis eversæ atque afflictæ reipublicæ, P. Sextii tribunatus est à fortunâ ipsâ collocatus; non aggrediar ad illa maxima atque amplissima priùs, quàm docuero, quibus initiis ac fundamentis hæ tantæ summis in rebus laudes excitatæ sint.

quoiqu'il n'ait rien omis des plaintes amères que la république avait à élever et des moyens de défense de
l'accusé, j'essaierai pourtant de prendre la parole,
pour ne pas paraître ingrat envers un citoyen à qui
tous les autres sont redevables de mon appui. Mais
dans cette cause, comme je parle le dernier, mon intention est de préférer le langage du cœur à la force
du raisonnement, les accens de la plainte aux traits
de l'éloquence, la voix de la douleur aux saillies de
l'esprit.

4. Si donc je m'exprime avec plus de feu et de liberté que les orateurs qui m'ont précédé, je vous supplie de pardonner dans mon discours tout ce que vous
penserez que mon amitié désolée et mon juste ressentiment doivent rendre excusable : en effet, nulle douleur
n'est plus en harmonie avec le devoir ; celle que je res-
sens prend sa source dans le péril de mon bienfaiteur.
Nul ressentiment ne fut jamais plus louable, il est enflammé par la scélératesse de ceux qui ont pris à tâche
de tourmenter avec acharnement tous les défenseurs
de mon salut.

5. Mais, puisqu'on a déjà répondu aux divers chefs
d'accusation, je représenterai P. Sextius dans toutes
les conditions de sa vie. Sa conduite, son caractère, ses
mœurs, son attachement incroyable pour les gens de
bien, son zèle à maintenir le salut et la tranquillité
publique, voilà les élémens de mon tableau : et si j'at-
teins le but de mes efforts, dans un plan de défense si
vaste et si compliqué, je n'aurai rien omis de ce qui in-
téresse la cause que vous informez, l'accusé et la république. Comme c'est au sein des orages les plus violens de l'état, et au milieu des désastres de la république
désolée que la fortune a placé le tribunat de Sextius ;
je n'entreprendrai pas le récit de cette époque brillante
et mémorable, avant d'avoir montré sur quelle base il
a su élever l'édifice pompeux de sa gloire dans des circonstances si importantes.

Beau caractère du père de Sextius. Alliances ho-
beau-père. Apologie

III. NARRATIO ET CONFIRMATIO. Parente P. Sextius natus est, Judices, homine, ut plerique meministis, et sapiente, et sancto, et severo : qui
quùm tribunus plebis primus inter homines nobilissimos temporibus optimis factus esset, reliquis honoribus non tàm uti voluit, quàm dignus videri.
Eo auctore duxit honestissimi et spectatissimi viri
C. Albini filiam ; ex quâ hic est puer, et nupta jàm
filia. Duobus his gravissimæ antiquitatis viris sic
probatus fuit, ut utrique eorum et carus maximè,
et jucundus esset. Ademit Albino soceri nomen
mors filiæ, sed caritatem illius necessitudinis, et
benevolentiam non ademit : hodiè sic hunc diligit,
ut vos facillimè potestis ex hâc vel assiduitate ejus,
vel sollicitudine, et molestiâ judicare.

7. Duxit uxorem, patre vivo, optimi et cala-
mitosissimi viri filiam, C. Scipionis [1]. Clara in hoc
P. Sextii pietas exstitit, et omnibus grata, quòd et
Massiliam statim profectus est, ut socerum videre,
consularique posset, fluctibus reipublicæ expul-
sum, in alienis terris jacentem, quem in majorum
suorum vestigiis stare oportebat ; et ad eum filiam
ejus adduxit, ut illo insperato adspectu complexu-
que, si non omnem, at aliquam partem mœroris
sui deponeret ; et maximis officiis et illius ærum-
nam, quoad vixit, et filiæ solitudinem sustentavit.
Possum multa dicere de liberalitate, de domesticis
officiis, de tribunatu militari, de provinciali in eo
magistratu abstinentiâ ; sed mihi ante oculos ob-

---

1 C. *Scipionis*. Scipion l'Asiatique qui fut consul,
l'an de Rome 670, et dont l'armée passa sous les dra-
peaux de Sylla, pendant que son chef avait embrassé
le parti de Marius. Epargné dans ces discordes civiles,
il alla en exil à Marseille.

norables. Sa piété filiale envers son second de sa magistrature.

III. NARRATION ET CONFIRMATION. Juges, le père de Sextius, comme la plupart de vous se le rappellent, était un homme sage, religieux, sévère : vous savez qu'ayant eu pour compétiteurs au tribunat les plus illustres personnages, dans le siècle heureux des vertus il fut nommé le premier ; quant aux autres honneurs, étranger à la brigue, il voulut moins les posséder qu'en paraître digne. Guidé par ses conseils, Sextius épousa la fille de l'irréprochable et très-considéré Albinus ; il eut d'elle cet enfant que vous voyez et une fille déjà mariée. Ces deux hommes, d'une probité antique la plus pure, eurent pour lui une telle estime qu'il fit les délices de leur amitié. La mort de sa fille fit perdre à Albinus le titre de beau-père, mais elle ne diminua ni sa tendresse, ni sa bienveillance pour son gendre. Aujourd'hui même vous pouvez bien juger de la vivacité de ses sentimens par son assiduité à cette cause, son inquiétude et sa tristesse.

7. Sextius, du vivant de son père, contracta de nouveaux liens avec la fille du plus vertueux comme du plus infortuné des hommes, C. Scipion ; sa piété filiale brilla en cette circonstance, et tout le monde applaudit à sa conduite. Il se rendit aussitôt à Marseille pour y voir son beau-père et tâcher de le consoler : les orages de la république avaient banni et exilé sur cette terre étrangère ce grand citoyen, dont le devoir était de rester dans sa patrie, pour y soutenir la gloire de ses ancêtres. Sextius lui amena aussi sa fille, persuadé que sa présence et ses embrassemens inespérés, s'ils ne calmaient pas entièrement son chagrin, y apporteraient au moins quelque soulagement. Tant que vécut le noble exilé, il adoucit constamment par mille soins les plus affectueux, et la peine du père et le regret de la fille. Je pourrais ici m'étendre au long sur sa générosité, ses vertus domestiques, son tribunat militaire, son désintéressement dans l'exercice de cette magistrature provinciale : mais à mes regards se pré-

* I

versatur reipublicæ dignitas , quæ me ad sese rapit
hæc minora relinquere hortatur.

8. Quæstor hic C. Antonii, collegæ mei, Judices, fuit sorte [1], sed societate consiliorum meus
Impedior nonnullius officii, ut ego interpretor
religione, quò minùs exponam, quàm multa ad
me detulerit, quantò antè providerit. Atque ego de
Antonio nihil dico, præter unum : nunquàm illum in illo summo timore ac periculo civitatis,
neque communem metum omnium, neque pro-
priam nonnullorum de ipso suspicionem, aut inficiando tollere, aut dissimulando sedare voluisse.
In quo collegâ sustinendo, atque moderando, si
meam in illum indulgentiam, conjunctam cum
summâ custodiâ reipublicæ, laudare verè solebatis,
par propè laus P. Sextii esse debet, qui suum ità
consulem observavit, ut et illi quæstor bonus, et
bonis omnibus optimus civis videretur.

Combien Sextius contribua à paralyser les efforts
de la conjuration. Il sauve Capoue, d'où il
chasse Aulanus et Marcellus. Reconnaissance

IV. Idem, quùm illa conjuratio ex latebris atque ex tenebris erupisset, palàmque armata voli-
taret, venit cum exercitu Capuam ; quam urbem,
propter plurimas belli opportunitates, ab illâ im-
piâ et sceleratâ manu attentari suspicabamur ; et
inde M. Aulanum, tribunum militum Antonii,
Capuâ præcipitem ejecit, hominem perditum, et
non obscurè Pisauri, et in aliis agri Gallici partibus, in illâ conjuratione versatum. Idemque
C. Marcellum, quùm is non solùm Capuam venisset, verùm etiam se, quasi armorum studio, in
maximam familiam conjecisset, exterminandum

---

1 *Quæstor fuit... sorte.* Les questeurs devaient au
sort la partie d'administration confiée à leurs soins.

sente la république dans l'éclat de sa gloire ; elle m'entraîne vers elle et m'exhorte à abandonner ces faits de moindre importance.

8. Le sort le fit questeur d'Antoine, mon collègue ; mais par le fait il fut le mien en s'associant à mes desseins. La délicatesse, je pense, m'oblige à me taire sur les nombreux avis que m'a communiqués son admirable prévoyance. Quant à Antoine, je ne vous en dirai qu'un mot : c'est qu'au milieu de ses mortelles alarmes et dans ce péril extrême de l'état, il ne voulut jamais détruire par le désaveu ou dissiper en usant de dissimulation la terreur générale, ni les soupçons que quelques personnes faisaient planer sur sa tête. Dans mes efforts à maintenir et à diriger un collègue de cette nature, si mes ménagemens à son égard, que je savais allier au salut de l'état, ont mérité les éloges accoutumés que vous me donniez, vous devez à peu-près le même tribut de gratitude à Sextius, pour avoir observé la conduite de son consul de telle manière que, sans cesser d'être à ses yeux un excellent questeur, tous les gens de bien l'ont regardé comme le modèle des bons citoyens.

des magistrats de cette ville. Décret en sa faveur. Diligence et zèle de ce bon citoyen.

IV. Lorsque la conjuration s'élança de ses repaires ténébreux, et que tout armée elle prenait ouvertement son essor, ce même Sextius se jeta dans Capoue avec un corps d'armée ; les nombreux avantages de cette place dans la guerre, nous faisaient soupçonner que cette tourbe impie et scélérate tenterait sur elle un coup de main : il en chassa M. Aulanus, tribun militaire d'Antoine, homme perdu d'honneur, et signalé à Pezaro et dans toute la Gaule, comme un affidé actif de la conjuration. Ce fut encore lui qui se chargea de délivrer Capoue du séjour de C. Marcellus, quand il le vit s'incorporer dans une troupe considérable de gladiateurs sous prétexte de se former au métier des

ex illâ urbe curavit ; quâ de causâ et tùm conventus ille Capuæ, qui propter salutem illius urbis,
consulatu conservatam meo , me unum patronum [1]
adoptavit , huic apud me P. Sextio maximas gratias egit ; et hoc tempore iidem homines, nomine
commutato , colòni , decurionesque fortissimi ,
atque optimi viri , beneficium P. Sextii testimo-
nio declarant , periculumque decreto suo deprecan-
tur.

10. Recita , quæso, P. Sexti, quid decreve-
rint Capuæ decuriones [2] ; ut jàm virilis tua vox
possit aliquid significare inimicis nostris , quid-
nam , quùm se corroborârit, effectura esse videatur.
DECRETUM DECURIONUM. Non recito decretum officio aliquo expressum vicinitatis , aut clientelæ,
aut hospitii publici [3] ; aut ambitionis, aut commen-
dationis gratiâ ; sed recito memoriam perfuncti
periculi , prædicationem amplissimi beneficii, vi-
cem officii præsentis, testimonium præteriti temporis.

11. Atque illis temporibus iisdem , quùm jàm
Capuam metu Sextius liberâsset ; urbem senatus,
atque omnes boni, deprehensis atque oppressis
domesticis hostibus [4], me duce, ex periculis maximis extraxissent ; ego litteris eum Capuâ arcessivi
cum illo exercitu , quem tùm secum habebat ; quibus hic litteris lectis, ad urbem confestim incredibili celeritate advolavit. Atque , ut illius temporis atrocitatem recordari possitis , audite litteras,
et vestram memoriam ad timoris præteriti cogita-
tionem excitate. LITTERÆ CICERONIS CONSULIS.

---

1 *Me unum patronum.* C'est à Cicéron que Capoue
devait le titre et les prérogatives de colonie Romaine.

2 *Decuriones.* Les décurions n'étaient autres que les
sénateurs des colonies.

3 *Hospitii publici.* Le droit d'hospitalité était quel-

armes. De là ces grandes actions de grâce que lui rendit chez moi le conseil de Capoue qui m'a choisi pour patron de cette ville, parce que j'en ai été le sauveur pendant mon consulat; dans la conjoncture présente, ces mêmes hommes, récemment décorés du titre de colons, décurions intrépides, magistrats excellens, attestent le bienfait de Sextius et veulent le soustraire au péril par un décret.

10. Lisez vous-même, je vous en prie, P. Sextius, ce qu'ont décrété les décurions de Capoue, afin que votre voix déjà mâle puisse montrer à nos ennemis ce qu'elle promet de faire, quand l'âge l'aura fortifiée. Décret des Décurions. Je ne lis pas un décret dicté par ces égards officieux que prescrivent le voisinage, le patronage, les liens d'hospitalité, l'ambition intrigante, ou l'influence de la faveur; c'est plutôt le souvenir d'un péril évité, l'aveu public d'un bienfait signalé, le retour de la reconnaissance qui paie son tribut, le témoignage d'une calamité passée.

11. A cette époque même Sextius avait déjà délivré Capoue de sa terreur. Le sénat et tous les bons citoyens ayant fait arrêter et exterminer les ennemis domestiques, avaient, sous ma conduite, arraché Rome aux plus grands périls. Alors je rappelai Sextius de Capoue avec le corps d'armée qu'il commandait; aussitôt ma lettre lue, il accourut à Rome avec une célérité incroyable. Mais pour que vous puissiez vous rappeler l'atrocité de ce temps, écoutez ma lettre et faites un effort de mémoire pour retracer à votre esprit le tableau de tout ce que vous avez redouté. Lettre de Cicéron, consul.

---

quefois très-étendu. Cela dépendait beaucoup du crédit dont on jouissait. Cicéron était l'hôte de toute la Sicile.

4 *Domesticis hostibus.* Les cinq principaux conjurés, complices de Ca ilina.

Cicéron continue l'énumération des services que Sextius a rendus à la patrie. Tribunat de Caton; Sextius part pour l'armée. Il stimule An-

V. Hoc adventu P. Sextii, tribunorum plebis novorum, qui tùm extremis diebus consulatûs mei, res eas, quas gesseram, vexare cupiebant, reliquique conjurationis impetus et conatus sunt retardati. Ac, posteaquàm est intellectum, Catone tribuno [1] plebis, fortissimo atque optimo cive rempublicam defendente, per seipsum senatum populumque Romanum, sine militum præsidio, tueri facilè majestatem suam, et dignitatem eorum, qui salutem communem periculo suo defendissent; Sextius cum illo suo exercitu summâ celeritate est Antonium consecutus. Hîc ego quid prædicem, quibus hic rebus consulem ad rem gerendam excitârit? quos stimulos admoverit homini studioso fortassis victoriæ, sed tamen nimiùm communem Martem bellique casum metuenti? longum est ea dicere; sed hoc breve dicam. Si M. Petreii non excellens animo et amore reipublicæ virtus, non summa auctoritas apud milites, non mirificus usus in re militari exstitisset, neque adjutor ei P. Sextius ad excitandum Antonium, cohortandum, impellendum fuisset; datus illo in bello esset hiemi locus, neque unquàm Catilina, quùm è pruinâ Apennini, atque è nivibus illis emersisset, atque æstatem integram nactus, Italiæ calles et pastorum stabula præclara cepisset, sine multo sanguine, ac sine totius Italiæ vastitate miserrimâ concidisset.

13. Hunc igitur animum ad tribunatum attulit P. Sextius; ut quæsturam Macedoniæ relinquam, et aliquandò ad hæc propiora veniam : quanquam non est omittenda singularis illa integritas provincialis, cujus ego nuper [6] in Macedoniâ

---

1 *Catone tribuno.* Caton d'Utique.

toine. De la part que Pétréius et Sextius ont
eu dans la victoire sur Catilina. Ce qui serait
arrivé sans eux. De l'intégrité de Sextius.

V. A l'expiration de mon consulat, les nouveaux
tribuns du peuple désiraient bouleverser mon ouvrage.
L'arrivée de Sextius arrêta leurs violences et para-
lysa les derniers efforts de la conjuration. Dès qu'on
vit la république sous la protection d'un citoyen aussi
ferme, aussi vertueux que le tribun Caton, on sentit
que le sénat et le peuple Romain défendraient par
eux-mêmes et, sans le secours de la force armée, leur
majesté personnelle et l'honneur de ceux qui, au péril
de leur vie, ont combattu pour le salut commun. Alors
Sextius vola rejoindre Antoine avec son armée. Qu'est-
il besoin de vous raconter ici par quels moyens il ré-
veilla l'activité du consul ? Quels puissans appas il sut
présenter à cette ame jalouse peut-être de la victoire,
mais qui redoutait trop les caprices de Mars et les ha-
sards de la guerre ? Le récit en est long; mais je le ren-
drai court. Si M. Pétréius n'avait eu le cœur plein du
courage et du patriotisme des héros, un ascendant ir-
résistible sur l'esprit des soldats, l'expérience la plus
consommée dans l'art militaire ; si on ne lui eût adjoint
P. Sextius pour le seconder, pour exciter, animer, déterminer Antoine, l'hiver serait survenu avant la fin
de cette guerre ; alors Catilina, sorti des glaces et des
neiges de l'Apennin, ayant gagné tout un été, maî-
tre des défilés et des plus riches pâturages de la con-
trée, n'aurait point succombé, sans faire verser des
flots de sang, et plonger l'Italie entière dans les horreurs de la dévastation.

13. Voilà l'esprit qu'apporta Sextius au tribunat;
je me tairai sur sa questure de la Macédoine, et j'aborde
enfin des événemens plus nouveaux et plus intéressans
pour nous. Je ne devrais pas pourtant omettre de si-
gnaler cette intégrité singulière qui illustra son administration, et dont naguère j'ai vu des preuves en
Macédoine : ce ne sont pas de ces triomphes passagers,

vidi vestigia, non pressa leviter ad exigui prædicationem temporis, sed fixa ad memoriam illius provinciæ sempiternam. Verùm hæc ità præ-
tereamus, ut tamen intuentes, et respectantes re-
linquamus.

*Tribunat de Sextius, source principale où l'ora-
teur puisera ses moyens de défense. Hortensius a triomphé par la force du raisonnement;*

VI. Ad tribunatum, quia ipse ad sese jàm du-
dùm vocat, et quodammodò absorbet orationem
meam, contento studio cursuque veniamus: de
quo quidem tribunatu ità dictum à Q. Hortensio,
ut ejus oratio non defensionem modò criminum
videretur continere; sed etiam memoriâ digna
esset, uti et reipublicæ capessendæ auctoritatem
disciplinamque præscriberet. Sed tamen, quoniam tribunatus quidem totus P. Sextii nihil aliud
nisi nomen meum causamque sustinuit, necessariò
mihi de iisdem rebus esse arbitror, si non subti-
liùs disputandum, at certè, Judices, dolentiùs
deplorandum. Quâ in oratione si asperiùs in quos-
dam homines invehi vellem, quis non concederet,
ut eos, quorum scelere et furore violatus essem,
vocis libertate perstringerem? Sed agam moderatè,
et hujus potiùs tempori serviam, quàm dolori meo:
si qui occultè à salute nostrâ dissentiunt, lateant:
si qui fecerunt aliquid aliquandò, atque iidem
nunc tacent, et quiescunt, nos quoque simus obliti:
si qui se offerunt insolenter et insectantur, quoad
ferri poterunt, perferemus; neque quemquam of-
fendet oratio mea, nisi qui se ità obtulerit, ut in
eum non invasisse, sed incurrisse videamur. Sed

improvisés par la reconnaissance du moment, mais
ce sont des monumens qui lèguent dans cette province
son souvenir à l'immortalité. Sans nous arrêter à ces
faits, réservons-nous donc d'y reporter quelquefois la
vue avec complaisance.

Cicéron doit intéresser en faveur de son bien-
faiteur. Précaution oratoire. La conduite de
ses ennemis réglera la sienne.

VI. Le tribunat de Sextius réclame depuis long-temps
tous les efforts de mon zèle, il absorbe toute mon attention et va remplir en quelque façon ce discours :
je me hâte de vous en occuper. Hortensius en a déjà
parlé, et sa défense vous a semblé non seulement détruire tous les chefs d'accusation, mais même mériter
une place dans la mémoire, en ce qu'elle donne des règles solides et sages pour l'administration de la république. Cependant, comme le tribunat de P. Sextius
a été consacré au soutien de mon nom et de mon salut,
il me sera nécessaire, je pense, de vous représenter
les mêmes objets. Je ne puis discuter avec plus de talent
qu'on ne l'a fait, mais je dois déplorer d'une manière
plus vive, plus attendrissante les malheurs de mon
bienfaiteur. Dans un tel discours si je me laissais emporter avec trop d'aigreur contre certains hommes,
qui ne me pardonnerait de froisser un peu par la sin-
cérité de mes paroles ceux dont la scélératesse et la
fureur m'ont blessé si cruellement? Mais j'userai de
modération, et le danger de Sextius m'occupera plus que
mon propre ressentiment. S'il en est qui nourrissent
en secret le désir de ma perte, qu'ils se tiennent
cachés, j'y consens; s'il en est aussi qui autrefois
se sont rendus coupables de quelqu'attentat, et que
maintenant ils gardent le silence et restent tranquilles, tout sera oublié; si d'autres se produisent
avec insolence et s'acharnent après moi, tant que
ce sera supportable, ma patience suffira; enfin dans
mon discours je ne blesserai que celui qui s'offrira
à mes coups, de manière à ne pas paraître l'avoir
attaqué à dessein, mais rencontré dans son agres-
sion impétueuse. Avant donc d'entrer en matière sur

necesse est , antequàm de tribunatu P. Sextii dicere
incipiam , me totum superioris anni reipublicæ
naufragium exponere : in quo colligendo ac reſi-
ciendâ salute communi , omnia reperientur P. Sextii dicta , facta , consilia versata.

*Calamités de l'état. Portrait affreux de Clodius.
Son inimitié pour Cicéron. Pompée lui fait jurer
de ne rien tenter contre lui pendant son tribunat. Il est parjure à son serment. César se-*

VII. Fuerat ille annus ¹ in reipublicæ magno
motu , et multorum timore, tanquàm intentus ar-
cus in me unum , sicut vulgò ignari rerum loquebantur , re quidem verâ in universam rempublicam , traductione ad plebem furibundi hominis
ac perditi , mihi irati , sed multò acriùs otii et
communis salutis inimici. Hunc vir clarissimus,
mihique , multis repugnantibus , amicissimus, Cn.
Pompeius , omni cautione , fœdere , exsecratione
devinxerat , nihil in tribunatu contra me esse facturum. At ille nefarius , ex omnium scelerum col-
luvione natus , parùm se fœdus violaturum est ar-
bitratus ; nisi ipsum cautorem alieni periculi suis
propriis periculis terruisset.

16. Hanc tetram immanemque belluam , vinc-
tam auspiciis, alligatam more majorum, constrictam legum Sacratarum catenis, solvit subitò
legum consul ², vel, ut ego arbitror, exoratus,
vel, ut non nemo putaret, mihi iratus ³; ignarus quidem certè , et imprudens impendentium tantorum
scelerum ac malorum. Qui , tribunus plebis, felix
in evertendâ republicâ fuit nullis suis nervis : qui

---

1. *Ille annus.* L'année où C. César fit passer Clodius
parmi les plébéiens , par haine pour Cicéron qui avait
tonné contre le triumvirat.

2. *Consul.* César.

le tribunat de P. Sextius, je dois vous exposer au long
les orages de l'année précédente : vous conviendrez
alors que toutes les paroles, les actions et tous les projets ont eu pour but de recueillir les débris du naufrage
de la république et de rétablir la sûreté commune.

*conde son ambition. Immoralité de Clodius.
Union sympathique des deux consuls avec ce
monstre pour la ruine de la république.*

VII. Cette année s'était écoulée dans de grands
troubles pour la république et dans la terreur pour la
plupart des citoyens. Il semblait aux personnes peu
versées dans les affaires, que le poignard ne menaçait
que moi, et en vérité il était levé sur la patrie entière,
du moment où l'on eut fait passer parmi le peuple cet
être furibond, immoral, plein de ressentiment contre
moi et de l'inimitié la plus violente pour le repos et
le salut public. Un personnage très-illustre, et mon
plus intime ami, malgré l'opposition d'un grand nombre, Cn. Pompée croyait l'avoir assez enchaîné par
toutes sortes de promesses, de traités et par les plus
horribles sermens, pour qu'il n'entreprît rien contre
moi pendant son tribunat. Mais ce monstre, enfanté
par l'effort de tous les crimes réunis, pensa violer trop-
peu son serment, s'il ne faisait trembler pour sa propre sûreté le gardien de celle d'autrui.

16. Cette bête cruelle et féroce était contenue par
les auspices, liée par les usages de nos ancêtres, étroi-
tement enchaînée par la sainteté des lois. Eh bien !
tout-à-coup un consul la délivra de ces entraves, soit,
tel est mon avis, qu'il eût été gagné à force de prières,
soit, comme beaucoup l'ont pensé, qu'il fût irrité contre moi; son incapacité et son imprudence lui déro-
baient sans doute les crimes et les calamités épouvan-
tables qui allaient fondre sur nous. Tribun du peuple,
il ne fut heureux qu'en renversant la république, encore était-ce par d'autres forces que par les siennes :

3 *Mihi iratus*. Cicéron avait témoigné contre lui
pour accusation d'inceste.

enim in ejusmodi vitâ nervi esse potuerunt, hominis, fraternis flagitiis, sororiis stupris, omni inauditâ libidine insani ?

17. Sed fuit profectò quædam illa reipublicæ
fortuna fatalis, ut ille cæcus atque amens tribunus
plebis nancisceretur, quid dicam consules? hoc-
cine ut ego appellem nomine eversores hujus imperii [1] ? proditores vestræ dignitatis? hostes bonorum
omnium? qui ad delendum senatum, affligendum
equestrem ordinem [2], exstinguenda omnia jura atque instituta majorum, se illis fascibus, cæterisque
insignibus summi honoris atque imperii ornatos
esse arbitrabantur? Quorum, per deos immortales,
si nondùm scelera, vulneraque inustâ reipublicæ
vultis recordari ; vultum, atque incessum animis
intueamini : faciliùs facta eorum occurrent menti-
bus vestris, si ora ipsa oculis proposueritis.

*Portrait de Gabinius tracé brièvement et à grands
traits. Aperçu hideux de sa vie désordonnée.
Portrait de Pison tracé avec la même énergie.*

VIII. Alter unguentis affluens, calamistratâ
comâ, despiciens conscios stuprorum, ac veteres
vexatores ætatulæ suæ, puteali et fœneratorum
gregibus inflatus atque perculsus, olim ne Scyl-
læo illo æris alieni in freto ad columnam [3] adhæ-
resceret, in tribunatûs portum perfugerat. Con-
temnebat equites Romanos, minitabatur senatui,
venditabat se operis, atque ab iis se ereptum, ne de
ambitu causam diceret, prædicabat, ab iisdemque
se etiam, invito senatu, provinciam sperare dice-

---

1. *Eversores hujus imperii.* Pison et Gabinius, avant
d'être consuls, furent accusés l'un de concussion, l'autre de brigue : le premier fut absous par le crédit de
César, l'autre par la protection de Pompée.

2 *Equestrem ordinem.* L. Lamia banni par Gabinius,
pour avoir soutenu Cicéron.

en effet, quelle énergie peut avoir un homme blasé par ses infamies envers son frère, par les turpitudes incestueuses de sa sœur, et par toutes les horreurs d'un libertinage inouï?

17. Ce fut sans doute un arrêt du destin bien fatal pour la république, qui fit que ce tribun du peuple aveugle, insensé, rencontrât, que dirai-je des consuls? eh! comment prostituer ce titre aux destructeurs de cet empire, aux traîtres à l'honneur romain, aux ennemis de tous les gens de bien, à ceux qui s'imaginaient que c'était pour exterminer le sénat, terrasser l'ordre des chevaliers, anéantir les lois et les institutions de nos aïeux qu'on les avait décorés des faisceaux et des autres insignes de la dignité et du pouvoir suprêmes? Mais si vous ne voulez pas encore vous rappeler les crimes et les blessures dont ils ont affligé la république, considérez en imagination leur visage et leur démarche; les actions de ces impies s'offriront plus facilement à vos esprits quand leurs traits seront placés sous vos yeux.

Espérances que l'on était en droit de fonder sur le caractère de sa physionomie.

VIII. L'un tout couvert d'essences, les cheveux bouclés avec art, regardant avec dédain les complices de ses débauches et les vieux corrupteurs de son innocence, assailli, écrasé par les sentences des tribunaux, et par des troupeaux d'usuriers, s'était autrefois réfugié dans le tribunat, comme dans le port du salut, pour ne pas voir exposer à la fatale colonne les débris d'un naufrage causé par le gouffre de ses profusions. Il méprisait les chevaliers romains, menaçait le sénat, se prônait auprès des manœuvres, et publiait que c'étaient eux qui l'avaient arraché au danger d'avoir à se disculper de cabales ambitieuses, il disait aussi que par le même appui il espérait encore se procurer une pro-

---

3 *Ad columnam.* La colonne Ménia, près de laquelle les triumvirs rendaient la justice aux créanciers et condamnaient les débiteurs insolvables.

bat ; eamque nisi adeptus esset ; se incolumem nullo
modo fore arbitrabatur.

19. Alter, ô dii boni ! quàm teter incedebat !
quàm truculentus ! quàm terribilis adspectu ! unum
aliquem te ex barbatis illis [1], exemplum imperii
veteris, imaginem antiquitatis, columen reipublicæ
diceres intueri : vestitus asperè nostrâ hâc purpurâ
plebeiâ, ac penè fuscâ : capillo ità horrido , ut Capuâ, in quâ ipse tùm imaginis ornandæ causâ
duumviratum gerebat [2], Seplasiam sublaturus videretur. Nam quid ego de supercilio dicam ? quod
tùm hominibus non supercilium , sed pignus reipublicæ videbatur : tanta erat gravitas in oculo,
tanta contractio frontis, ut illo supercilio respublica, tanquàm Atlante cœlum , niti videretur. Erat
deniquè hic omnium sermo : Est tamen reipublicæ
magnum firmumque subsidium : habeo quem op-
ponam labi illi [3] atque cœno : vultu, medius fidius,
collegæ sui libidinem levitatemque franget : habe-
bit senatus in hunc annum quem sequatur : non
deerit auctor et dux bonis : mihi deniquè homines
præcipuè gratulabantur, quod habiturus essem
contra tribunum plebis furiosum et audacem, quùm
amicum et affinem [4], tùm etiam fortem et gravem
consulem.

*Cicéron reprend le portrait du premier consul,
et fait ressortir sa nullité par l'esquisse de
l'état d'affaissement où l'ont jeté ses débauches.
Si la république ne s'est pas aveuglée sur ce*

IX. Atque eorum alter fefellit neminem : quis
enim clavum tanti imperii tenere , et gubernacula

---

1 *Ex barbatis illis.* Les anciens Romains , jusqu'au
temps du second Africain, laissaient croître leur barbe.
2 *Duumviratum gerebat.* Les duumvirs de Capoue

vince, malgré le sénat; et que, s'il ne l'obtenait, il se regarderait comme perdu sans ressources.

19. L'autre, grands Dieux! quelle démarche rebutante! quel air farouche! quel aspect terrible! Vous diriez voir un de ces hommes à barbe touffue, un portrait de l'ancien temps, une image de l'antiquité, la colonne de la république : vêtemens grossiers, pourpre plébéienne et presque noire, chevelure si hérissée qu'à Capoue, où pour donner du relief à son image, il gérait le duumvirat, on crut qu'il serait le fléau de la place aux parfums. Que dirai-je de son sourcil? Il paraissait le gage de la sûreté privée et publique. A l'immobilité de ses yeux, à la grande contraction de son front, tout l'état semblait soutenu sur ce sourcil, comme le ciel sur les épaules d'Atlas. Enfin ce discours était dans toutes les bouches : la république a donc un grand et solide soutien : nous pourrons opposer un homme à cet être funeste et immonde; d'un coup d'œil, certes, il paralysera la licence et l'étourderie de son collègue; le sénat aura cette année un guide sûr; les gens de bien trouveront en lui un promoteur et un chef : en un mot on me félicitait surtout d'avoir dorénavant pour bouclier contre les violences et les attentats du tribun du peuple, soit un ami et un allié, soit même un consul courageux et sévère.

qu'elle avait à espérer de celui-ci, elle a été bien trompée dans son opinion sur le second dont il dévoile l'hypocrisie.

IX. Tenir le gouvernail d'un si grand empire, conduire habilement dans sa course immense et à travers

jouissaient de tous les priviléges des consuls et des préteurs.

3 *Labi illi*, etc. Gabinius.

4 *Affinem.* A cause du mariage de sa fille Tullia avec un parent du consul Pison.

reipublicæ tractare in maximo cursu ac fluctibus
posse arbitraretur hominem emersum subitò ex diuturnis tenebris lustrorum ac stuprorum? vino, ga-
neis, lenociniis, adulteriisque confectum? quùm
is præter spem in altissimo gradu alienis opibus.
positus esset, qui non modò tempestatem impen-
dentem intueri temulentus, sed ne lucem quidem
insolitam adspicere posset?

21. Alter multos planè in omnes partes fefellit:
erat enim hominum opinione, nobilitate ipsâ,
blandâ conciliatriculâ commendatus. Omnes boni
semper nobilitati favemus, et quia utile est reipublicæ, nobiles homines esse dignos majoribus suis,
et quia valet apud nos clarorum hominum, et benè
de republicâ meritorum memoria, etiam mortuo-
rum. Quia tristem semper, quia taciturnum, quia
subhorridum atque incultum videbant, et quòd erat
eo nomine, ut ingenerata familiæ frugalitas ¹ videretur; favebant, gaudebant, et ad integritatem
majorum spe suâ hominem vocabant, materni generis obliti.

22. Ego autem (verè hoc dicam, Judices) tantùm
esse in homine sceleris, audaciæ, crudelitatis, quantùm ipse cum republicâ sensi, nunquàm putavi:
nequam esse hominem, et levem, et falsâ opinione,
errore hominum ab adolescentiâ commendatum,
sciebam: etenim animus ejus vultu, flagitia parie-
tibus tegebantur; sed hæc obstructio nec diuturna
est, nec obducta ità, ut curiosis oculis perspici non
possit.

---

1 *Ingenerata frugalitas.* Les Pisons avaient pris le
surnom de *Frugus.*

les flots le vaisseau de la république, qui en jugerait capable un homme sorti tout-à-coup des ténèbres de l'antre de débauche et de corruption où il s'était depuis long-temps enseveli? Un homme exténué par le vin, par sa vie de taverne, ses prostitutions, ses adultères? Un homme que le crédit d'autrui aurait, contre son espérance, élevé au faîte des honneurs, et qui, plongé dans l'ivresse, ne pourrait envisager non seulement une tempête qui nous menacerait, mais même soutenir l'éclat du jour auquel ses yeux ne sont plus accoutumés.

21. L'autre a trompé entièrement l'attente d'un grand nombre; sa noblesse, charme flatteur qui captive les esprits, lui avait gagné la faveur générale. En effet, quiconque est vertueux favorise la noblesse, et parce qu'il importe à la patrie que les nobles soient dignes de leurs ancêtres, et parce qu'un imposant souvenir des hommes illustres et de ceux qui ont bien mérité de la république leur survit dans nos cœurs. Comme on le voyait toujours morne, taciturne, grossier et négligé dans sa parure et son maintien, que de plus il était d'une famille où la frugalité semblait héréditaire, on applaudissait, on se réjouissait; on l'appelait en espérance à l'intégrité de ses ancêtres; mais son origine maternelle était oubliée.

22. Moi-même, Juges, je l'affirme; qu'il se soit trouvé dans une âme autant de scélératesse, d'audace, de cruauté que la république et moi seulement nous l'avons éprouvé, je ne me le serais jamais imaginé: je savais seulement que c'était un homme méchant, fourbe, indigne de la haute opinion qu'on avait de lui et de la belle réputation qu'on lui avait faite dès son enfance. Alors son cœur vicieux était couvert par son hypocrisie, et ses turpitudes par l'épaisseur de ses murailles; mais cette dissimulation est bientôt démasquée; elle n'est pas si profonde qu'un œil curieux ne puisse la pénétrer

---

a *Materni generis.* Cette origine était gauloise.

L'orateur achève d'accabler le second consul par
la peinture de ses ridicules et de ses vices.
Morale crapuleuse du personnage. Maux qu'il

X. Videbamus genus vitæ, desidiam, iner-
tiam : inclusas ejus libidines, qui paulò propiùs
accesserant, intuebantur : deniquè eliam sermonis
ansas dabat, quibus reconditos ejus sensus tenere
possemus. Laudabat homo doctus philosophos nescio quos ; neque eorum tamen nomina poterat dicere : sed tamen eos laudabat maximè, qui dicuntur præter cæteros esse auctores et laudatores volup-
tatis : cujus, et quo tempore, et quò modo, non
quærebat ; verbum ipsum omnibus modis animi et
corporis devorabat : eosdemque præclarè dicere aie-
bat, Sapientes omnia suâ causâ facere : rempublicam
capessere hominem benè sanum non oportere : nihil esse præstabilius otiosâ vitâ, et plenâ et con-
fertâ voluptatibus : eos autem, qui dicerent, dig-
nitati esse serviendum, reipublicæ consulendum,
officii rationem in omni vitâ, non commodi, esse
ducendam, subeunda pro patriâ pericula, vulnera
excipienda, mortem oppetendam ; vaticinari [1],
atque insanire dicebat.

24. Ex his assiduis ejus quotidianisque sermoni-
bus, et quòd videbam, quibuscum hominibus in
interiore ædium parte viveret, et quòd itâ domus
ipsa fumabat, ut multa ejus sermonis indicia redo-
leret ; statuebam sic, boni nihil ab illis nugis exspec-
tandum, mali quidem certè nihil pertimescendum.
Sed itâ est, Judices, ut, si gladium parvo puero,
aut si imbecillo seni, aut debili dederis, ipse im-

---

[1] *Vaticinari.* Tomber dans le délire prophétique,
comme la Pythonisse.

cause à l'état par son incapacité et sa perver-
sité. Les deux consuls traitent avec le tribun
de la perte de l'état et de Cicéron.

X. Son genre de vie, sa paresse, son ineptie ne
nous échappaient pas; ceux qui l'approchaient de
plus près démêlaient les passions renfermées dans
son sein : enfin lui-même laissait échapper des propos qui nous livraient la clef de ses sentimens se-
crets. Docte personnage, il prônait je ne sais quels
philosophes, et pourtant il n'en pouvait dire les
noms: mais il faisait surtout un éloge pompeux de ceux
qui passent pour les pères et les panégyristes les
plus ardens de la volupté. La nature de cette volupté, le temps, la manière d'en jouir, c'est ce qu'il
ne cherchait pas à savoir; il ne voyait que le nom
et s'y livrait corps et âme avec fureur. Ces mêmes
docteurs, selon lui, avaient bien eu raison de dire
que les sages font tout pour eux-mêmes; qu'un
homme vraiment sensé ne devait pas se charger
des affaires de l'état : que rien n'est préférable à
une vie oisive entièrement absorbée par les voluptés;
que prétendre qu'il faut servir la gloire, veiller aux
intérêts de la république, se laisser toujours guider
par la voix du devoir et non par l'égoïsme, enfin
s'exposer aux dangers, recevoir des blessures, et suc-
comber pour sa patrie, c'est parler en visionnaire et
en extravagant.

24. Ces discours, qu'il ne cessait de répéter chaque
jour, ce que je voyais moi-même, les hommes avec
lesquels il vivait dans l'intérieur de ses apparte-
mens, ce qui transpirait de sa retraite d'où s'exha-
laient maints échantillons des entretiens qui s'y tenaient,
tout cela me faisait conclure qu'il n'y avait rien de
bon à attendre de tant de futilité, mais qu'il n'y
avait non plus aucun mal à en redouter. Voici ce
qu'il en était, Juges. Si vous mettez une épée dans la
main d'un petit enfant ou d'un vieillard faible et

petu suo nemini noceat; sin ad nudum vel fortissimi viri corpus accesserit, possit acie ipsâ, et ferri
viribus vulnerari : ità quùm hominibus enervatis
atque exsanguibus consulatus, tanquàm gladius,
esset datus, qui per se pungere neminem unquàm
potuissent, hi summi imperii nomine armati rempublicam contrucidaverunt. Fœdus fecerunt cum
tribuno plebis palàm, ut ab eo provincias accipe-
rent, quas ipsi vellent : exercitum, et pecuniam,
quantam vellent, eâ lege, si ipsi priùs tribuno plebis afflictam et constrictam rempublicam tradidis-
sent : id autem fœdus meo sanguine ictum sanciri
posse dicebant. Quâ re patefactâ (neque enim dissi-
mulari tantum scelus poterat, nec latere) promul-
gantur uno eodemque tempore rogationes ab eodem
tribuno de meâ pernicie, et de provinciis consulum
nominatim.

Alarmes de la république. Malveillance des
consuls. Chacun s'efforce de sauver Cicéron
des fureurs de Clodius. Barbare insensibilité

XI. Hîc tùm senatus sollicitus, vos equites excitati, Italia cuncta permota, omnes deniquè omnium generum atque ordinum cives summæ reipublicæ à consulibus, atque à summo imperio peten-
dum esse auxilium arbitrabantur, quùm illi soli
essent, præter furiosum illum tribunum, duo reipublicæ turbines, qui non modò præcipitanti patriæ
non subvenirent, sed eam nimiùm tardè concidere
mœrerent. Flagitabatur ab his quotidiè quùm que-
relis bonorum omnium, tum etiam precibus senatûs, ut eam causam susciperent, agerent; aliquid
deniquè ad senatum referrent : hi non modò ne-
gando, sed etiam irridendo, amplissimum quemque
illius ordinis insequebantur.

26. Hîc subitò quùm incredibilis in Capitolium
multitudo ex totâ urbe cunctâque Italiâ convenis-

débile, elle ne saurait nuire, malgré leur effort :
cependant qu'elle soit dirigée sur la poitrine découverte de l'homme le plus vaillant, la pointe seule
pourra le blesser. Le consulat ressemble à cette épée,
lorsqu'il est confié à des hommes énervés et sans
énergie, qui, par eux-mêmes, n'auraient jamais pu faire
une légère blessure à quelqu'un ; mais qui, armés du
pouvoir suprême, ont égorgé de concert la république. Ils traitèrent ouvertement avec le tribun du
peuple pour en recevoir les provinces qui seraient
à leur convenance, une armée et des sommes aussi
considérables qu'ils voudraient, à condition qu'auparavant ils lui livreraient la république enchaînée
et abattue. Le traité conclu, on pouvait, disaient-ils, le
sceller de mon sang. Le complot fut découvert : car
était-il possible de dérober long-temps la connaissance
d'un tel forfait ? Aussitôt deux ordonnances sont promulguées ensemble par le même tribun, l'une pour
ma perte, l'autre pour assigner à chacun des consuls leurs provinces respectives.

*des consuls envers l'orateur. Magnanimité de
L. Nummius. On décrète le deuil pour le sauveur de Rome en danger.*

XI. L'alarme est dans le sénat, l'agitation parmi
les chevaliers ; l'Italie entière se soulève. Les citoyens de toutes les classes et de tous les ordres de
l'état pensent qu'il faut recourir aux consuls, à l'autorité suprême dans un péril si imminent, et ces
mêmes consuls avec le tribun forcené se trouvaient
être les seuls fléaux de Rome ; aussi, loin de prévenir la chute prochaine de la patrie, s'affligeaient-ils
de la lenteur de sa ruine. Ils étaient vivement pressés chaque jour et par les plaintes de tous les gens
de bien et par les prières du sénat, de se charger
de son affaire, d'agir eux-mêmes, ou de faire à l'assemblée quelque rapport en ma faveur ; mais eux,
par leurs refus et même par leurs railleries, insul-
taient tous les plus illustres sénateurs.

26. Soudain de tous les quartiers de la ville, de
tous les points de l'Italie une multitude incroyable

set, vestem mutandam omnes, meque etiam omni
ratione, privato consilio (quoniam publicis ducibus
respublica careret) defendendum putârunt. Erat
eodem tempore senatus in æde Concordiæ, quod ipsum templum repræsentabat memoriam consulatûs
mei [1], quùm flens universus ordo Cincinnatum
consulem [2] orabat; nam alter ille horridus et severus
consultò se domi continebat. Quâ tùm superbiâ
cœnum illud ac labes amplissimi ordinis preces et
clarissimorum civium lacrymas repudiavit? me ipsum ut contempsit helluo patriæ? nam quid ego
patrimonii dicam, quod ille, quùm quasi quæstum
faceret [3], amisit? Quùm venisset ad senatum, vos,
inquam, equites Romani, et omnes boni veste mutatâ, vos, inquam, pro meo capite ad pedes lenonis
impurissimi projecistis, quùm, vestris precibus à
latrone illo repudiatis, vir incredibili fide, magnitudine animi, constantiâ, L. Mummius ad senatum
de republicâ retulit; senatusque frequens vestem
pro meâ salute mutandam censuit.

*Le malheur de la patrie enflamme le génie de
Cicéron et lui inspire un sublime mouvement
oratoire. Par une prétermission adroite il trace
les fureurs de Clodius, et passe aux consuls.*

XII. O diem illum, Judices, funestum senatui [4], bonisque omnibus! reipublicæ luctuosum!
mihi ad domesticum mœrorem gravem! ad poste-
ritatis memoriam gloriosum! Quid enim quisquam

---

[1] *Memoriam consulatûs mei.* Le sénat y avait porté
la sentence de mort des conjurés.
[2] *Cincinnatum consulem.* Jeu de mots sur *Cincinnatus*; qui signifie *avoir les cheveux bouclés.* Tels étaient
ceux de Gabinius. Le fameux dictateur *Cincinnatus*
vient naturellement dans la bouche de Cicéron couvrir
de honte un Romain dégradé.

accourt au Capitole. Tous sont d'avis de prendre le
deuil et de me défendre par tous les moyens possibles et de leur autorité privée, puisque la république manquait de magistrats. Cependant le sénat tenait séance dans le temple de la Concorde, temple qui lui retraçait le souvenir de mon consulat;
là, les larmes aux yeux, ce corps vénérable implorait unanimement le moderne Cincinnatus; quant à
l'autre, rude et sévère consul, il se tenait par prudence renfermé chez lui. Avec quel orgueil cet être
immonde et contagieux rejeta les prières du sénat
et les larmes des plus honorables citoyens? Moi-
même, comme je fus méprisé de celui qui dévorait
sa patrie et son patrimoine, ajouterai-je, car il l'a
perdu, malgré le gain de ses prostitutions! Quand il
vint siéger au sénat, on vous vit, nobles chevaliers,
on vous vit, dis-je, en habit de deuil, avec tous les gens
de bien, vous jeter aux pieds de cet impudique cor-
rupteur, pour me sauver la vie. Mais voyant que ce
brigand avait rejeté vos prières, un homme scrupu-
leusement fidèle à l'honneur, un homme d'une magnanimité et d'une fermeté incroyables, L. Mummius
fit un rapport au sénat sur la situation de la république; et le corps nombreux des sénateurs jugea qu'il
fallait prendre le deuil pour mon salut.

*Analyse du discours de Gabinius au peuple
après sa fuite du sénat. Banissement de La-
bila.*

XII. O jour! jour funeste au sénat et à tous les
bons citoyens! jour de deuil et de larmes pour la république! jour de désolation pour mon cœur paternel,
mais à jamais glorieux pour ma mémoire! Quel souve-

---

3 *Qùùm quasi quæstum faceret.* Epigramme dans
le genre de celles qui ont pu seules servir de type à
ce que Juvénal a de plus fort.

4 *Funestum senatui.* L'épithète *funesta* s'applique
également à une famille et à une maison où l'on célèbre
les obsèques d'un mort.

potest ex omni memoriâ sumere illustrius , quàm
pro uno cive et bonos omnes privato consensu , et
universum senatum publico consilio mutâsse vestem ? quæ quidem tùm mutatio non deprecationis causâ ' est facta , sed luctûs : quem enim depre-
carentur , quùm omnes essent sordidati ? quùmque
hoc satis esset signi, esse improbum, qui mutatâ
veste non esset ? Hâc mutatione vestis factâ , tanto
in luctu civitatis, omitto quid ille tribunus, omnium rerum divinarum humanarumque prædo,
fecerit ; qui adesse nobilissimos adolescentes , ho-
nestissimos equites Romanos, deprecatores salutis
meæ jusserit, eosque operarum suarum gladiis et lapidibus objecerit : de consulibus loquor, quorum
fide respublica niti debuit..

28. Exanimatus evolat ex senatu , non minùs
perturbato animo atque vultu, quàm si paucis
antè annis in creditorum conventum incidisset :
advocat concionem : habet orationem talem côn-
sul , qualem nunquàm Catilina victor habuisset :
Errare homines , si etiam tùm senatum aliquid in
republicâ posse arbitrarentur : equites verò Romanos daturos illius diei pœnas, quo , me consule,
cum gladiis in clivo Capitolino ' fuissent : venisse
tempus iis , qui in timore fuissent (conjuratos, videlicet dicebat) ulciscendi se. Si dixisset hoc solùm ,
omni supplicio esset dignus ; nam oratio ipsâ consulis perniciosa potest rempublicam labefactare.
Quid fecerit, videte. L. Lamiam , qui quùm me
ipsum pro summâ familiaritate , quæ mihi cum fratre, cum patre ejus erat, unicè diligebat , tùm pro
republicâ vel mortem oppetere cupiebat , in concione relegavit, edixitque, ut ab urbe abesset mil-

---

1 *Non deprecationis causâ* , etc. On changeait deux
fois d'habillemens dans les grandes afflictions.

nir peut rien fournir de plus honorable que de voir
pour un seul citoyen menacé tous les gens de bien, de
leur propre mouvement, prendre le deuil, et le sénat
déclarer publiquement à l'unanimité l'intention de les
imiter. Ce deuil, on ne le prit pas à dessein de supplier
pour moi, mais en signe d'affliction. Eh! qui auraient-
ils supplié, puisque chacun portait sur soi la tristesse?
puisque paraître sans vêtemens de deuil, c'était assez
désigner un mauvais citoyen? Les citoyens étaient donc
en deuil et plongés dans une profonde douleur : je ne
vous dirai pas quels furent alors les actes de ce tribun,
de ce déprédateur des temples et de la patrie, que, sans
égard pour la fleur de notre jeune noblesse, et pour
les plus estimables chevaliers qui intercédaient en ma
faveur, il leur ordonna de comparaître devant lui et
les livra aux pierres et aux poignards de ses manœuvres : mais je parlerai des consuls sur la fidélité des-
quels la république a dû se reposer.

28. Pâle, à demi-mort, Gabinius se précipite hors
du sénat, le visage aussi décomposé, le cœur aussi
tremblant, que si, peu d'années auparavant, il fût tombé
entre les mains de ses créanciers rassemblés : il con-
voque le peuple ; il le harangue, lui consul, comme ne
l'aurait jamais fait Catilina vainqueur : qu'on était dans
l'erreur, si l'on croyait que le sénat avait encore quelque
pouvoir dans la république ; que les chevaliers seraient
punis de ce jour de mon consulat où ils s'étaient rendus l'épée à la main sur la pente du Capitolin ; que
l'heure de la vengeance avait sonné pour ceux que la
crainte avait enchaînés : c'étaient sans doute des conjurés qu'il entendait parler. Il en serait resté là, qu'il
mériterait encore le dernier supplice, puisque toute
harangue incendiaire de la part d'un consul peut renverser la république. Mais écoutez ce qu'il fit. L. Lamia
avait pour moi-même une affection toute particulière à
cause de la grande intimité qui régnait entre son frère,
son père et moi ; citoyen zélé il brûlait de faire à la
patrie le sacrifice même de sa vie : eh bien ! il le bannit
en pleine assemblée ; il ordonna qu'il se tiendrait à
deux cents milles de la ville, cela parce qu'il avait osé

---

2 *In clivo Capitolino.* Pour défendre Cicéron.

lia passuum ducenta ; quòd esset ausus pro cive, pro
benè merito cive, pro amico, pro republicâ de-
precari.

Cicéron rend odieux Gabinius en montrant com-
bien Lamia, cette victime de l'arbitraire, méri-
tait peu son malheur. Il l'accable ensuite en

XIII. Quid hoc homine facias ? aut quò civem importunum, aut quò potiùs hostem tam
sceleratum reserves ? qui, ut omittam cætera, quæ
sunt ei cum collegâ immani impuroque conjuncta,
atque communia, hoc unum habet proprium, ut
expulerit ex urbe, relegârit, non dico equitem
Romanum, non ornatissimum atque optimum virum, non amicissimum reipublicæ civem, non
illo ipso tempore unà cum senatu et cum bonis
omnibus casum amici reique publicæ lugentem ;
sed civem Romanum sine ullo judicio, aut edicto,
ex patriâ consul ejecerit.

3o. Nihil acerbius socii Latini ferre soliti sunt,
quàm, id quod perrarò accidit [1], ex urbe exire à
consulibus juberi. Atque illis tùm erat reditus in
suas civitates, ad suos lares familiares ; et in illo
communi incommodo nulla in quemquam propria
ignominia nominatim cadebat. Hoc verò quid est ?
exterminabit cives Romanos edicto consul à suis
diis penatibus ? expellet à patriâ ? deliget quem
volet ? damnabit atque ejiciet nominatim ? Hic,
si unquàm vos eos qui nunc estis in republicâ,
fore putâsset, si unique imaginem judiciorum,
aut simulacrum aliquod futurum in civitate reliquum credidisset, unquàm ausus esset senatum
de republicâ tollere ? equitum Romanorum preces
aspernari ? civium denique omnium, novis et inau-
ditis edictis, jus libertatemque pervertere ?

---

1 *Quod perrarò accidit.* Deux fois seulement.

supplier pour un concitoyen, pour un citoyen qui avait bien mérité de l'état, pour un ami, pour la république.

signalant ses divers abus d'autorité. Précaution oratoire pour se concilier l'esprit des juges et ramener la cause de Sextius à la sienne propre.

XIII. Que faire d'un tel homme ? quel sort réserver à ce citoyen dangereux ou plutôt à cet ennemi impie ? Si je passe sur les autres crimes qui lui sont totalement communs avec son impudique et barbare collègue, il en est un dont il a seul la propriété. Je ne dirai pas que c'est d'avoir chassé, que c'est d'avoir banni un chevalier Romain, un personnage très - distingué et très-vertueux, un citoyen animé du plus pur patriotisme, qui, à cette époque même, pleurait avec le sénat et tous les gens de bien le sort de son ami et la ruine de la république ; mais seulement que c'est d'avoir rejeté loin de sa patrie sans jugement ou édit préalable un citoyen Romain.

3o Les alliés Latins n'éprouvaient jamais de plus amère douleur que lorsque les consuls, et c'était bien rare, leur ordonnaient de sortir de Rome. Cependant ils retournaient alors dans leurs cités, au sein de leurs familles ; et, dans cette disgrâce commune, l'affront ne retombait sur personne individuellement. Mais en est-il de même ici ? Quoi, un consul, par un simple édit, arrachera des citoyens Romains de leurs pénates ? les chassera de leur patrie ? aura le choix de ses victimes ? condamnera et bannira arbitrairement ? Ah ! s'il eût pensé rencontrer un jour l'énergique intégrité qui brille en vous maintenant, s'il avait cru qu'il restât encore une ombre de justice, quelque simulacre de tribunaux dans Rome, aurait-il jamais eu l'audace d'enlever le sénat à la république ? de dédaigner les prières des chevaliers Romains ? de fouler aux pieds, par des édits nouveaux, inouis, les droits et la liberté de tous les citoyens ?

31. Etsi me attentissimis animis, summâ cum benignitate auditis, Judices; tamen vereor, ne quis fortè vestrûm miretur, quid hæc mea oratio tàm longa ac tàm altè repetita velit, aut quid ad P. Sextii causam eorum, qui ante hujus tribunatum [1] rempublicam vexârunt, delicta pertineant: mihi autem hoc propositum est ostendere, omnia consilia P. Sextii, mentemque totius tribunatûs hanc fuisse, ut afflictæ et perditæ reipublicæ, quantùm posset, mederetur. Ac, si in exponendis vulneribus illis de me ipso plura dicere videbor, ignoscite: nam et illam meam cladem vos et omnes boni maximum esse reipublicæ vulnus judicâstis; et P. Sextius est reus non suo, sed meo nomine; qui quùm omnem vim sui tribunatûs in meâ salute consumpserit, necesse est meam causam præteriti temporis cum hujus præsenti defensione esse conjunctam.

Tout le monde prend le deuil pour Cicéron en danger. Les consuls veulent s'y opposer. Apostrophe à Pison absent. Enumération de ses

XIV. Erat igitur in luctu senatus : squalebat civitas, publico consilio mutatâ veste : nullum erat Italiæ municipium, nulla colónia, nulla præfectura, nulla Romæ societas vectigalium [2], nullum collegium [3], aut concilium, aut omninò aliquod commune consilium, quod tùm non honorificentissimè decrevisset de meâ salute : quùm subitò edicunt duo consules, ut ad suum vestitum senatores redirent. Quis unquàm consul senatum ipsius decretis parere prohibuit? quis tyrannus miseros

---

1 *Ante hujus tribunatum.* Sextius fut tribun un an aprèsle consulat de Gabinius.

2 *Societas vectigalium.* Compagnies qui s'établissaient

31. Juges, quelque grande que soit l'attention que vous me prêtez et la bienveillance dont vous m'honorez, je crains pourtant que quelqu'un de vous ne me demande avec surprise à quoi tend un discours si long, pour lequel j'ai repris de si loin; ou encore, quel rapport ont avec l'affaire de Sextius les crimes de ceux qui, avant son tribunat, ont vexé l'état. Je me suis proposé de vous montrer par-là que l'unique dessein, l'unique pensée de Sextius pendant son tribunat, a été de porter remède autant qu'il le pourrait aux blessures de la patrie expirante. Mais si, dans le tableau que je vous tracerai des souffrances de l'état, il vous semble que je m'étende trop sur les miennes, pardonnez-le moi; vous et tous les gens de bien n'avez-vous pas regardé mon infortune comme la plus funeste calamité de la république? d'ailleurs, P. Sextius n'est pas personnellement accusé, c'est moi qui le suis en son nom. Ainsi, puisque tout ce que le tribunat lui donnait de force il l'a consacré à mon salut, la justification de ma conduite passée se trouve nécessairement liée à sa défense actuelle.

crimes. Indignité de sa défense de porter le deuil. Cicéron et la république sont rendus au tribun.

XIV. Le sénat était donc dans le deuil. Tous les citoyens, de concert, avaient pris publiquement le sombre costume. En Italie, nulle ville municipale, nulle colonie, nulle préfecture; à Rome, nulle société de fermiers, nul collège, nulle corporation, nulle communalité qui n'eût pris la résolution la plus honorable pour me sauver. Tout-à-coup deux consuls ordonnent, par un édit, aux sénateurs de reprendre leur costume ordinaire. Quel consul a jamais empêché le sénat d'obéir à ses propres décrets? quel tyran a défendu les

---

pour prendre à ferme les revenus publics. Des chevaliers les composaient.

2 *Collegium*. Collège, espèce de confréries d'hommes de la même profession.

lugere vetuit? Parùmne est, Piso [1], ut omittam
Gabinium, quòd tantùm homines fefellisti, ut ne-
gligeres auctoritatem senatûs? optimi cujusque
consilia contemneres? rempublicam proderes? con-
sulare nomen affligeres? etiamne edicere audebas,
ne mœrerent homines meàm, suam, reipublicæ
calamitatem? ne hunc suum dolorem veste signi-
ficarent? sive illa vestis mutatio ad luctum ipsorum, sive ad deprecandum valebat, quis unquàm
tàm crudelis fuit, qui prohiberet quemquam aut
sibi mœrere, aut cæteris supplicare.

33. Quid? suâ sponte homines in amicorum
periculis vestitum mutare non solent? pro te ipso,
Piso, nemone mutavit? ne isti quidem, quos legatos non modò nullo senatusconsulto, sed etiam
repugnante senatu, tute tibi legâsti [2]? Ergò hominis desperati, et proditoris reipublicæ casum
lugebunt fortassè qui volent; civis florentissimi
benevolentiâ bonorum, et optimè de salute patriæ
meriti, periculum, conjunctum cum periculo civitatis, lugere senatui non licebit? Iidem consules (si appellandi sunt consules, quos nemo est,
qui non modò ex memoriâ, sed etiam ex fastis [3]
evellendos putet) pacto jàm fœdere provinciarum,
producti in circo Flaminio in concionem ab illâ
furiâ ac peste patriæ, maximo cum gemitu vestro,
illa omnia, quæ tùm contra me contraque rempublicam dixerat, voce ac sententiâ suâ comprobave-
runt.

---

1 *Parùmne est Piso.* Apostrophe à Pison absent,
alors proconsul en Macédoine.

2 *Tibi legâsti.* C'était au sénat à désigner les lieutenans.

pleurs aux malheureux ? Etait-ce trop peu, Pison, car j'abandonne pour un instant Gabinius, était-ce trop peu de nous avoir trompés au point de ne tenir aucun compte de l'autorité du sénat ? de mépriser les conseils de tout homme de bien ? de trahir la république ? d'avilir le nom consulaire ? Il fallait encore oser défendre à chacun, par un édit, de pleurer mon malheur, le sien, celui de la république ; de témoigner sa douleur même par son costume ! Que ce deuil ait exprimé leur tristesse, qu'il n'eût été qu'une muette supplique, a-t-on jamais été assez barbare pour interdire l'affliction au malheur, ou l'intercession au cœur compâtissant ?

33. Quoi ! dans le péril de ses amis, n'a-t-on pas l'habitude de prendre de soi-même un habit de deuil ? personne ne l'a-t-il encore pris pour vous ? pas même ces hommes que vous avez eu soin de choisir pour vos lieutenans, non-seulement sans autorisation, mais même malgré l'opposition du sénat. Ainsi, un homme perdu, un traître à la république, on pourrait pleurer son malheur, si jamais on le voulait ; mais un citoyen honoré de l'amour de tous les gens de bien, et qui, en sauvant la patrie, a si bien mérité d'elle, se trouve avec l'état en danger imminent, et il ne sera pas permis au sénat de verser des larmes ! Ces consuls, (doit-on appeler consuls, ces misérables dont le nom, selon l'opinion générale, mérite d'être banni de notre mémoire et de nos fastes ?) après avoir conclu le traité du choix des provinces, produit par l'abominable tribun dans l'assemblée du peuple tenue au cirque Flaminius, confirmèrent à haute voix, par leur suffrage, au milieu d'innombrables gémissemens, tout ce que cette furie avait porté contre moi et contre la république.

---

3 *Ex fastis.* Livres dans lesquels on désignait les années par les noms des consuls.

Enumération des attentats que les consuls, fi-
dèles au traité conclu avec Clodius, ont non
seulement tolérés, mais encore autorisés. Ty-
rannie du tribun. Cicéron jette un coup d'œil

XV. Iisdem consulibus sedentibus, atque in-
spectantibus, lata lex est, ne auspicia valerent,
ne quis obnuntiaret, ne quis legi intercederet;
ut omnibus fastis diebus [1] legem ferri liceret; ut
lex Ælia, lex Fufia ne valeret : quâ unâ rogatione, quis est, qui non intelligat, universam
rempublicam esse deletam? Iisdem consulibus in-
spectantibus, servorum delectus habebatur pro tri-
bunali Aurelio, nomine collegiorum, quùm vica-
tim homines conscriberentur, decuriarentur, ad
vim, ad manus, ad cædem, ad direptionem incitarentur. Iisdem consulibus arma in templum Castoris
palàm comportabantur, gradus ejusdem templi
tollebantur : armati homines forum et conciones
tenebant : cædes lapidationesque fiebant : nullus
erat senatus, nihil reliqui magistratus : unus omnem omnium potestatem armis et latrociniis possi-
debat, non aliquâ vi suâ, sed quùm duo consules
à republicâ provinciarum fœdere retraxisset, insul-
tabat, dominabatur, aliis pollicebatur, terrore ac
metu multos, plures etiam spe et promissis tene-
bat.

35. Quæ quùm essent ejusmodi, Judices, quùm
senatus duces nullos, ac pro ducibus proditores,
aut potiùs apertos hostes haberet; equester ordo

---

1 *Omnibus fastis diebus.* On pouvait s'occuper des
affaires publiques pendant les jours fastes, mais nullement pendant les néfastes. Il y avait aussi des jours

général sur les actes les plus marquans de l'ad-
ministration funeste de Gabinius et de Pison,
pour arriver à ce qui le concerne.

XV. Ces mêmes consuls, calmes sur leurs siéges, laissèrent publier sous leurs yeux une loi qui ordonnait
que les auspices seraient abolis, que personne n'annon-
cerait les sinistres présages, qu'on ne protesterait plus
contre une loi ; que tous les jours fastes on pourrait en
porter une ; que les lois Élia et Fufia cesseraient d'ê-
tre en vigueur. Qui ne comprend que cette seule loi
entraînait la ruine totale de la république ? Ces mêmes
consuls voyaient encore faire la levée des esclaves devant le tribunal Aurélius, sous prétexte de les classer,
et là, on enrôlait les hommes par quartier, on les dis-
tribuait en décuries, on les excitait à la violence, aux
coups de main, au meurtre, au pillage. Ces mêmes
consuls veillaient sur Rome, et on faisait un arsenal
complet du temple de Castor ; on en enlevait les de-
grés ; des hommes armés envahissaient le Forum et
maîtrisaient le peuple dans ses assemblées ; on commet-
tait des meurtres, des lapidations ; le sénat n'avait plus
de vigueur, les magistrats plus d'autorité : un seul
homme, avec des poignards et des brigandages possé-
dait la toute-puissance ; dépourvu de force en lui-
même, n'ayant d'audace que parce qu'il avait séparé
les deux consuls de la république au moyen du traité
sur le choix des provinces, il insultait à nos droits,
agissait en tyran, promettait aux uns, en subjuguait
beaucoup par la terreur et l'épouvante, et captivait le
plus grand nombre par l'espérance et même par des
engagemens.

35. Quelqu'horrible que fût notre situation, Juges,
quoique le sénat fût sans chefs, qu'au lieu de chefs il
n'eût que des traîtres ou plutôt des ennemis déclarés ;

---

moitié fastes et moitié néfastes. Clodius détruisit par
une loi contraire, une loi qui tendait à s'opposer à la
multitude de celles que l'on portait, en rendant la proposition plus rare.

reus à consulibus citaretur; Italiæ totius auctoritas
repudiaretur; alii nominatim relegarentur, alii metu
ac periculo terrerentur; arma essent in templis,
armati in foro; eaque non silentio consulum dissi-
mularentur, sed et voce et sententiâ comproba-
rentur: quùm omnes urbem nondùm excisam et
eversam, sed jàm captam atque oppressam videre-
mus; tamen his tantis malis, tanto bonorum studio, Judices, restitissemus : sed me alii metus, atque aliæ curæ, suspicionesque moverunt.

*Cicéron va exposer les motifs de sa conduite.
Il prévient le reproche de pusillanimité. Il se
met en parallèle avec Métellus. Position de ce*

XVI. Exponam enim hodierno die, Judices,
omnem rationem facti et consilii mei; neque huic
vestro tanto studio audiendi, neque verò huic tantæ
multitudini, quanta, meâ memoriâ, nunquàm ullo
in judicio fuit, deero : nam, si ego in causâ tàm
bonâ, tanto studio senatûs, consensu tàm incredibili bonorum omnium, tàm parato, totâ denique
Italiâ ad omnem contentionem expeditâ, cessi.
tribuni plebis, despicatissimi hominis, furori;
contempississimorum consulum levitatem audaciamque pertimui; nimiùm me timidum, nullius animi,
nullius consilii fuisse confiteor.

37. Quid enim simile fuit in Q. Metello? cujus causam etsi omnes boni probabant, tamen neque senatus publicè, neque ullus ordo propriè,
neque suis decretis Italia tota susceperat : ad suam
enim magis quamdam ille gloriam, quàm ad
perspicuam salutem reipublicæ spectârat, quùm
unus in legem per vim latam jurare noluerat : denique videbatur eâ conditione tàm fortis fuisse,
ut cum patriæ caritate constantiæ gloriam commu-

que les consuls eussent sommé l'ordre des chevaliers
d'avoir à se justifier et rejeté la recommandation de
l'Italie entière ; que les uns, fussent personnellement
bannis et les autres terrifiés par la crainte et le danger ;
que dans les temples et le Forum il n'y eût que des armes ; que les consuls, loin de désavouer ces attentats par
leur silence , eussent jugé à propos de les approuver
hautement ; quoiqu'enfin nous vissions que, si Rome n'é-
tait pas encore détruite et bouleversée , elle était déjà
captive et opprimée ; cependant le zèle infatigable des
bons-citoyens nous aurait fait résister à tant de calamités : mais d'autres craintes , d'autres inquiétudes, des
soupçons sont venus encore nous troubler.

*dernier ; source de sa constance ; ses adver-
saires. Position différente de Cicéron.*

XVI. C'est aujourd'hui, Juges, que je vous exposerai
tous les motifs qui ont réglé ma conduite ; je ne trom-
perai pas le grand empressement que vous avez de
m'entendre , ni l'impatience d'un auditoire si nombreux,
qu'aucun jugement dont je me souvienne n'en a attiré
d'aussi considérable. S'il est vrai que dans une cause si
juste, où j'avais pour moi l'extrême bienveillance du sénat, le consentement unanime, le dévouement incroyable de tous les gens de bien , enfin l'Italie entière
disposée aux derniers efforts pour ma défense ; s'il
est vrai, dis-je, que j'aie cédé à la fureur du tribun du peuple, de l'être le plus abject ; si la folie et
l'audace de consuls accablés de mépris m'ont plongé
dans l'effroi ; je l'avoue, Juges, j'ai été trop timide ; je
n'ai eu ni cœur, ni énergie.

37. Quelle similitude y eut-il entre la conduite de Métellus et la mienne ? sa cause était bien approuvée de
tous les gens de bien, aucun sénatus-consulte pourtant,
aucune décision particulière d'un ordre quelconque,
les décrets de l'Italie entière ne l'avaient défendue. Il
avait plus considéré une certaine gloire personnelle que
le salut manifeste de la république, lorsque seul il avait
refusé son serment pour une loi promulguée par violence : enfin il paraissait n'avoir eu tant de courage que
pour sacrifier l'amour de la patrie à une glorieuse

taret. Erat autem ei res cum exercitu C. Marii in-
victo : habebat inimicum C. Marium, conservatorem patriæ, sextum jàm illum consulatum geren-
tem : res erat cum L. Saturnino iterùm tribuno
plebis, vigilante homine, et in causâ populari si
non moderatè [1], at certè populariter abstinenter-
que versato : cessit, ne aut victus à fortibus viris
cum dedecore caderet ; aut victor multis et fortibus civibus rempublicam orbaret.

38. Meam causam senatus palàm, equester ordo
acerrimè, cuncta Italia publicè, omnes boni propriè enixèque susceperant : eas res gesseram, qua-
rùm non unus auctor, sed dux omnium voluntatis
fuissem, quæque non modò ad singularem meam
gloriam, sed ad salutem communem omnium civium
et propè gentium pertinerent : eâ conditione gesseram, ut meum factum semper omnes præstare,
tuerique deberent.

Suite du parallèle. Contraste des adversaires de
envers ses ennemis.

XVII. Erat autem mihi contentio non cum vic-
tore exercitu, sed cum operis conductis, et ad diri-
piendam urbem concitatis : habebam inimicum non
C. Marium, terrorem hostium, spem subsidium-
que patriæ ; sed duo importuna prodigia, quos eges-
tas, quos æris alieni magnitudo, quos levitas, quos
improbitas tribuno plebis constrictos addixerat.

40. Nec mihi res erat cum Saturnino, qui, quòd
à se quæstore Ostiensi [2], per ignominiam, ad princi-

---

1 *Non moderatè.* Il avait fait assassiner A. Nummius et
C. Mummius, qui briguaient avec lui, l'un le tribunat,
l'autre le consulat.

constance. D'ailleurs il avait à combattre l'armée invincible de Marius; C. Marius, le sauveur de la patrie,
alors ennobli de son sixième consulat, tel était son ennemi; de plus, il trouvait un obstacle dans Saturninus, tribun du peuple pour la seconde fois, homme plein
de vigilance, et qui, dévoué à la cause du peuple, se con-
duisait sinon avec modération, du moins avec popularité et désintéressement. Vaincu par ses vaillans adversaires, il aurait succombé avec déshonneur; vainqueur, il aurait enlevé à la république une foule de braves citoyens : il céda.

38. Ma cause, au contraire, était défendue par les
décrets du sénat, par le zèle ardent de tous les chevaliers, par une protestation de l'Italie entière et par les
efforts personnels de tout homme de bien. Dans les
actes de mon administration, dont je ne me donne pas
comme l'unique auteur, mais où je n'avais été que
l'exécuteur de la volonté générale, dans ces actes
qui non seulement intéressaient ma propre gloire, mais
le salut de tous les citoyens, je dirai presque de toutes les nations, je n'ai eu d'autre but que d'obliger
chacun à être le défenseur et le garant de ma conduite.

*Cicéron avec ceux de Métellus. Sa modération
Impostures de Clodius.*

XVII. Je n'avais pas, à la vérité, une armée victorieuse à combattre, mais de vils mercenaires soudoyés
qu'on poussait au pillage de Rome. Un C. Marius, la
terreur des ennemis, l'espoir et la colonne de la patrie,
n'était pas mon adversaire; mais deux tyrans, deux
monstres, que la misère, l'énormité de leurs dettes,
l'extravagance, la méchanceté avaient enchaînés ser-
vilement au char du tribun.

40. Je n'avais pas à lutter contre un Saturninus qui
sachant que, pendant sa questure d'Ostie, on lui avait
ôté, pour l'outrager, l'intendance des blés qu'on avait

---

2 *Quæstore Ostiensi*. Le questeur d'Ostie avait l'intendance de toutes les importations et exportations ma-
ritimes qui se faisaient dans son port. On avait donc

pem et senatûs et civitatis , M. Scaurum , rem frumentariam translatam sciebat, dolorem suum magnâ
contentione animi persequebatur ; sed cum scurrarum locupletium scorto [1], cum sororis adultero, cum
stuprorum sacerdote, cum venefico, cum testamen-
tario, cum sicario, cum latrone : quos homines, si,
id quod facile factu fuit, et quod fieri debuit, quod-
que à me optimi et fortissimi cives flagitabant, vi
armisque superâssem, non verebar, ne quis aut vim
vi repulsam reprehenderet, aut perditorum civium,
vel potiùs domesticorum hostium mortem mœreret :
sed me illa moverunt ; omnibus in concionibus illa
furia clamabat, se, quæ faceret contra salutem meam,
facere auctore Cn. Pompeio , clarissimo viro ,
mihique et nunc, et quoad licuit, amicissimo. M.
Crassus, quocum mihi erant omnes amicitiæ ne-
cessitudines , vir fortissimus , ab eâdem illâ peste
infestissimus esse meis fortunis prædicabatur. C.
Cæsar, qui à me nullo meo merito alienus esse de-
bebat, inimicissimus esse meæ saluti ab eodem
quotidianis concionibus dicebatur.

41. His se tribus auctoribus [2] in consiliis capien-
dis , adjutoribus in re gerendâ esse usurum dicebat; ex quibus unum [3], habere exercitum in Italiâ maximum : duo, qui privati tùm essent, et præ-
esse, et parare, si vellent, exercitum posse; idque
facturos esse dicebat : nec mihi ille judicium populi [4], nec legitimam aliquam contentionem [5], nec

---

circonscrit le pouvoir de Saturninus en lui ôtant l'importante intendance des blés qu'on tirait de la Sicile.
1 *Scurrarum... scorto*, etc. La moindre des infamies énumérées dans cette phrase, ferait de Clodius
un objet d'horreur.
2 *His se tribus auctoribus.* Cicéron, en effet, avait

transférée au prince du sénat, au premier des citoyens, à M. Scaurus, poursuivait avec la dernière animosité la satisfaction de son ressentiment; mais contre le prostitué des riches bouffons, contre l'adultère de sa sœur, le chef de la plus horrible débauche, un empoisonneur, un faussaire, un sicaire, le plus noir brigand. Il eût été facile d'écraser ces hommes par la force des armes; le devoir me l'imposait; j'aurais rempli le vœu ardent des meilleurs et des plus courageux citoyens; et, si je l'eusse fait, aurais-je pu craindre que quelqu'un ne me blâmât d'avoir repoussé la force par la force, ou ne déplorât la mort de ces hommes perdus d'honneur, bien mieux, de ces ennemis domestiques? Mais voici ce qui m'a retenu : dans toutes les assemblées du peuple cette furie criait que ce qu'il tentait contre mes jours, il le tentait à l'instigation de Cn. Pompée, d'un personnage si noble, mon meilleur ami aujourd'hui même et tant qu'il lui a été permis d'obéir à son cœur. M. Crassus, héros à qui tous les liens d'une intime amitié m'avaient uni, cet infâme le donnait sans cesse comme un puissant obstacle à mes succès. C. César, qui n'avait aucun motif plausible d'avoir de l'éloignement pour moi, ce même calomniateur le signalait chaque jour dans les assemblées comme l'ennemi le plus acharné à ma perte.

41. Il disait que ces trois personnages éclairés le guideraient de leurs conseils et le seconderaient dans l'exécution de ses projets; que l'un d'eux avait une armée très-puissante en Italie; que les deux autres, quoique sans être en dignité, pouvaient encore, s'ils le voulaient, lever des troupes et se mettre à leur tête; et qu'ils le feraient sans doute : il ne m'annonçait pas un jugement du peuple, une information légitime, une dis-

---

été abandonné à la rage de Clodius par les triumvirs.

3. *Ex quibus unum.* César.

4 *Judicium populi.* Jugement par centurie, conformément aux lois sacrées et à celles des douze tables.

5 *Legitimam contentionem.* Sinon devant le peuple, au moins devant quelque magistrat.

disceptationem ¹, aut causæ dictionem, sed vim,
arma, exercitus, imperatores, castra denuntiabat.

Effet des déclamations de Clodius sur Cicéron.
aux impostures du tri-

XVIII. Quid ergò? inimici oratio, vana præsertim, tàm improbè in clarissimos viros conjecta,
me movit? Me verò non illius oratio, sed etiam
eorum taciturnitas, in quos illa oratio tàm improba
conferebatur: qui tùm, quanquàm ob aliam causam tacebant, tamen hominibus, omnia timentibus, tacendo loqui, non inficiando confiteri videbantur. Illi autem aliquo tùm timore perterriti,
quòd acta illa atque omnes res anni superioris labefactari à prætoribus, infirmari à senatu atque
principibus civitatis putabant, tribunùm popularem à se alienare nolebant; suaque sibi propiora pericula esse, quàm mea, loquebantur.

43. Sed tamen et Crassus à consulibus meam
causam suscipiendam esse dicebat, et eorum fidem
Pompeius implorabat; neque se privatum publicè
susceptæ causæ defuturum esse dicebat : quem virum studiosum mei, cupidissimum reipublicæ
conservandæ, domi meæ certi homines ad eam rem
compositi monuerunt, ut esset cautior; ejusque vitæ
à me insidias apud me domi positas esse dixerunt:
atque hanc ei suspicionem alii litteris mittendis, alii
nuntiis, alii coràm ipsi excitaverunt, ut ille, quùm
à me certè nihil timeret, ab illis, ne quid meo nomine molirentur, sibi cavendum putaret. Ipse autem Cæsar, quem maximè homines ignari verita-
tis, mihi esse iratum putabant, erat ad portas, erat
cum imperio; erat in Italià ejus exercitus, inque

---

1 *Disceptationem.* Conséquence nécessitée par l'information.

cussion litigieuse ou un plaidoyer, mais la violence
des glaives, des armées, des généraux, des camps.

Motif du silence de Pompée, Crassus et César bun. L'orateur les réfute.

XVIII. Quoi donc, ces vaines déclamations d'un ennemi, ces infâmes discours lancés contre les personnages les plus illustres m'ont-ils ému ? non, je n'ai été
alarmé que du silence de ceux sur qui il accumulait ces
calomnies : et quoique leur silence eût un autre motif
que celui qu'on leur prêtait, cependant aux hommes
que tout effraie, il semblait très-expressif ; et, selon eux,
ne pas nier, c'était avouer. Mais la vérité c'est que,
frappés d'une certaine crainte, parce qu'ils pensaient
que les actes et les opérations de l'année précédente
étaient attaqués et infirmés par le sénat et les principaux citoyens, ils n'auraient pas voulu s'aliéner le tribun populaire, et alléguaient que leurs propres périls les touchaient de plus près que les miens.

43. Crassus pourtant disait que les consuls devraient
me défendre, Pompée implorait leur protection, et,
quoique simple particulier, promettait d'appuyer tout
ce que l'autorité publique entreprendrait en ma faveur.
Mais quand on vit ce grand homme dévoué à ma cause,
et enflammé du désir de sauver l'état, des hommes de
ma maison, gagnés à cet effet, l'avertirent de se tenir
davantage sur ses gardes, et lui déclarèrent que moi-
même je lui avais dressé chez moi des embûches. Enfin, soit par des lettres, soit par des messages, soit de
vive voix, on éveilla ses soupçons, de manière que,
persuadé n'avoir rien à craindre de ma part, il crut
devoir se précautionner contre ces mêmes fourbes, de
peur qu'en mon nom ils n'attentassent à sa sûreté. Quant
à César, que des hommes dans la plus profonde erreur
croyaient courroucé contre moi, il était aux portes
de Rome, il tenait le pouvoir d'un général ; son armée campait en Italie, et dans cette armée comman-

---

2 *Causæ dictionem.* Défense juridique sans laquelle
on ne pouvait condamner un citoyen Romain.

eo exercitu ipsius tribuni plebis inimici mei fratrem
præfecerat.

*Situation critique de la république et de Cicéron.
L'orateur prouve que la violence pour réprimer
Clodius et sa faction aurait été insuffisante.*

XIX. Hæc ego quùm viderem, neque enim
erant occulta, senatum, sine quo civitas stare non-
posset, omninò de civitate esse sublatum; consules, qui publici consilii duces esse deberent,
perfecisse, ut per ipsos publicum consilium fundi-
tùs tolleretur; eos, qui plurimùm possent, opponi
omnibus concionibus falsò, sed formidolosè tamen,
auctores ad perniciem meam; conciones haberi
quotidiè contra me; vocem pro me ac pro republicâ
neminem mittere; intenta signa legionum existimari cervicibus ac bonis vestris, falsò, sed putari
tamen; conjuratorum copias veteres, et effusam illam
ac superatam Catilinæ manum importunam, novo
duce et insperatâ commutatione rerum esse renova-
tam.

44. Hæc quùm viderem, quid agerem, Judices?
scio enim, tùm non mihi vestrum studium, sed
meum propè vestro defuisse: contenderem contra
tribunum plebis privatus armis? vicissent improbos boni, fortes inertes: interfectus esset is, qui
hâc unâ medicinâ solâ potuit à reipublicæ peste
depelli. Quid deindè? quid reliquiarum restaret?
quid deniquè erat dubium, quin ille sanguis tri-
bunitius, nullo præsertim publico consilio profu-
sus, consules ultores et defensores esset habiturus?
quùm quidem in concione dixisset, aut mihi semel
pereundum, aut bis esse vincendum. Quid erat bis
vincere? Id profectò, ut, cum amentissimo tribuno
plebis quùm decertâssem, cum consulibus cæterisque ejus ultoribus dimicarem.

45. Ego verò, si mihi uni pereundum fuisset,

dait en chef son lieutenant, frère du tribun même mon
ennemi.

Il eût fallu une double victoire. Générosité
de Cicéron. Sort de l'état, si les mauvais citoyens
eussent triomphé. Qu'auraient fait les consuls ?

XIX. Je voyais tous ces désordres ; car ils étaient
manifestes. Je voyais que le sénat, l'âme de la république, avait été totalement détruit ; que les consuls, qui
devaient être les chefs du conseil public, avaient réussi
à l'anéantir ; que les personnages les plus puissans, on
les représentait dans toutes les assemblées, comme
les instigateurs de ma perte ; calomnie absurde, mais
terrible ! que tous les jours on ne convoquait le peuple
que pour tonner contre moi ; que personne n'osait émettre une parole en ma faveur ou pour la république ;
que, par une erreur grossière, mais pourtant accrédi-
tée, on s'imaginait que les enseignes des légions n'é-
taient déployées que pour attenter à vos jours et à vos
fortunes ; que les vieilles bandes des conjurés, ces res-
tes dangereux des brigands échappés à la défaite de
Catilina, étaient ralliés sous un nouveau chef à l'occasion de cette révolution inespérée pour eux.

45 Je voyais tous ces désordres, ô Juges ! mais que
faire ? Je sais bien qu'alors votre zèle ne m'a pas trahi,
que c'est le mien qui n'a pas secondé le vôtre : simple
particulier, me fallait-il opposer la force des armes à un
tribun du peuple ? la vertu aurait triomphé du crime,
le courage de la lâcheté : il eût été immolé ce traître,
que le glaive seul pouvait détourner de la ruine de sa
patrie. Qu'en serait-il résulté ? Ses odieux complices
ne lui survivaient-ils pas ? Pouvais-je douter que le sang
du tribun répandu sans aucun pouvoir juridique devait
avoir pour avocats et vengeurs les consuls, puisqu'il
avait dit dans une assemblée qu'il me faudrait périr ou
être deux fois vainqueur ? Quelles étaient ces deux
victoires ? C'est sans doute qu'après avoir combattu le
tribun du peuple le plus forcené, j'aurais encore à en
venir aux mains avec les consuls et ses autres vengeurs.

45. Mais moi, si j'eusse dû périr seul et recevoir une

ac non accipienda plagà mihi sanabilis, illis mor-
tifera, qui eam imposuissent; semel perire tamen,
Judices, maluissem, quàm bis vincere : erat enim
illa altera ejusmodi contentio, ut neque victi, neque victores rempublicam tenere possemus. Quid si
in primâ contentione, vi tribunitiâ victus, in foro,
cum multis bonis viris concidissem ? Senatum consules, credo, vocâssent, quem totum de civitate
delerant : ad arma vocarent, qui ne vestitu quidem
defendi rempublicam sissent; à tribuno plebis post
interitum meum dissidissent, qui eamdem horam [1]
meæ pestis et suorum præmiorum esse voluissent.

*La conduite de Cicéron a été prudente et géné-
reuse, mais non pusillanime. Dans une suppo-
sition où se peint sa belle âme, il montre le dé-*

XX. Unum enim mihi restabat illud, quod
forsitan non nemo vir fortis et acris animi magni-
que dixerit : Restitisses, repugnâsses, mortem pu-
gnans oppetîsses. De quo te, te, inquam, Patria,
testor, et vos Penates patriique Dii, me vestrarum
sedium templorumque causâ, me propter salutem
meorum civium, quæ mihi semper fuit meâ carior
vitâ, dimicationem cædemque fugisse. Etenim, si
mihi in aliquâ nave cum meis amicis naviganti,
hoc, Judices, accidisset, ut multi ex multis locis
prædones classibus eam navem se oppressuros mini-
tarentur, nisi me unum sibi dedidissent, si id vec-
tores negarent, ac mecum simùl interire, quàm me
tradere hostibus mallent; jecissem me ipse potiùs in
profundum, ut cæteros conservarem, quàm illos
meî tàm cupidos non modò ad certam mortem, sed
in magnum vitæ discrimen adducerem.

---

[1] *Qui eamdem horam etc.* Ceci est exactement vrai.

blessure plus fatale à mes ennemis qu'à moi-même, ah!
Juges, j'aurais mieux aimé faire à l'instant le sacrifice
de ma vie que de remporter deux victoires : telle était
en effet la nature de la seconde lutte, vainqueurs ou
vaincus la république nous échappait. Mais que serait-il
arrivé si, dans le premier choc, succombant sous les
coups du tribun, j'étais tombé dans le forum avec une
foule de braves citoyens ? les consuls eussent sans doute
convoqué le sénat qu'ils avaient anéanti; ils l'auraient
appelé aux armes, eux qui ne lui avaient pas même
permis de se déclarer, par un costume de deuil, défenseur de la république; ils se seraient séparés du tribun
après ma mort, eux qui avaient voulu que l'heure de
ma ruine fût celle des récompenses pour leurs créatures.

vouement dont il serait capable pour ses amis ;
et, si l'intérêt de sa patrie eût ordonné le sa-
crifice de sa vie, eût-il pu moins faire pour elle?

XX. Il vous restait encore un parti, me diront peut-
être beaucoup d'hommes fermes, courageux et magnanimes : résister, opposer la force à la force et mourir
en combattant. O ma patrie ! je t'en prends à témoin,
et vous aussi, dieux pénates ! dieux de mes pères ! l'inviolabilité de vos temples et de vos sanctuaires sacrés,
le salut de mes concitoyens qui me fut toujours plus
cher que la vie, voilà pour quels trésors j'ai fui un
combat, un carnage ! En effet, Juges, si, naviguant sur
mer avec mes amis, il arrivait que cernés par une foule
de pirates, leur flotte nombreuse menaçât d'écraser notre vaisseau, à moins qu'on né me remît entre leurs
mains, si mes compagnons le refusaient et qu'ils aimas-
sent mieux périr avec moi que de me livrer à l'ennemi;
je m'élancerais plutôt dans l'abîme pour sauver des
amis si dévoués que de les exposer, je ne dis pas à une
mort certaine, mais même au péril imminent de perdre la vie.

Les deux lois, dans leur promulgation, se succédèrent
à peu de chose près.

47. Qùùm verò in hanc reipublicæ navem, ereptis senatui gubernaculis, fluitantem in alto tempestatibus seditionum ac discordiarum, armatæ tot classes, nisi ego unus deditus essem, incursuræ viderentur : quùm proscriptio, cædes, direptio denuntiarentur : quùm alii me suspicione periculi sui non defenderent, alii vetere.odio bonorum incitarentur, alii inviderent, alii obstare sibi me arbitrarentur, alii ulcisci dolorem suum aliquem vellent, alii rem ipsam publicam atque hunc bonorum statum otiumque odissent, et ob hasce causas, tot, tàmque varias, me unum deposcerent : depugnarem potiùs cum summo, non dicam exitio, sed periculo certè vestro liberorumque vestrorum, quàm non id, quod omnibus impendebat, unus pro omnibus susciperem ac subirem ?

La violence n'était donc pas le remède convenable, ni dans le cas d'une victoire, encore moins d'une défaite. Cicéron détruit avec élo-

* XXI. Victi essent improbi. At cives ; at ab eo privato, qui sine armis etiam consul rempublicam conservârat : sin victi essent boni ; quid superesset ? non ad servos videtis rem venturam fuisse ? An mihi ipsi, ut quidam putant, fuit mors æquo animo oppetenda ? quid ? tùm mortemne fugiebam ? an erat res ulla, quam mihi magis optandam putarem ? aut, ego illas res tantas in tantâ improborum multitudine quùm gerebam, non mihi mors, non exsilium ob oculos versabantur ? non hæc deniquè à me tùm, tanquàm fata, in ipsâ re gerendâ concinebantur ? An erat mihi in tanto luctu meorum, tantâ disjunctione, tantâ acerbitate, tantâ spoliatione omnium rerum, quas mihi aut natura aut fortuna dederat, vita retinenda ? tàm eram rudis ?

47. Et lorsque le vaisseau de la république, arraché aux mains du sénat, errant au large sans pilote, battu par toutes les tempêtes de la sédition et de la discorde, allait être assailli par tant de flottes armées, si je ne leur étais livré seul; lorsque tout promettait la proscription, le meurtre, le pillage; que, sous le simple soupçon d'un péril personnel, les uns me retiraient leur appui; que la vieille haine contre les hommes vertueux rallumait la fureur des autres; que ceux-ci étaient jaloux de mon crédit, ceux-là me regardaient comme un obstacle à leurs desseins, certains voulaient venger leurs ressentimens; que plusieurs haïssaient la répu???e et se chagrinaient du bonheur des gens vertueux; lorsqu'enfin tous par des motifs si nombreux, si divers, ne réclamaient que moi seul pour victime; j'aurais engagé un combat, sinon fatal, du moins périlleux pour vous et vos enfans, plutôt que de braver et supporter seul pour tous le désastre dont tous étaient menacés?

quence et force de raisonnement l'objection qu'on aurait pu lui faire d'avoir redouté la mort. Preuves intrinsèques.

XXI. Les méchans auraient été vaincus; mais ils étaient citoyens; mais ils auraient succombé sous le glaive d'un simple particulier, qui, même étant consul, avait sauvé l'état, sans le secours des armes: si, au contraire, les gens de bien eussent été accablés, quelle ressource restait-il à la patrie? Ne la voyez-vous pas tomber au pouvoir de vils esclaves? Moi-même, devais-je, comme le pensent quelques-uns, affronter en stoïque la mort? Quoi donc? était-ce la mort qu'alors je fuyais? Y avait-il rien que je désirasse avec plus d'ardeur? Lorsque j'étais chargé de si grands intérêts, au milieu d'une tourbe innombrable de scélérats, l'exil, la mort sortaient-ils de devant mes yeux? Dans le cours de mon administration, ne me suis-je pas prédit en oracle ces calamités? Déchiré par la douleur si profonde de ma famille, arraché à mes plus chères affections, abreuvé d'amertume, dépouillé de tous les biens que la nature et la fortune m'avaient donnés, devais-je encore tenir à la vie? Etais-je si simple, si peu instruit.

tàm ignarus rerum ? tàm expers consilii, aut ingenii ? nihil audieram ? nihil videram ? nihil ipse
legendo quærendoque cognoveram ? nesciebam vitæ
brevem esse cursum, gloriæ sempiternum ? quùm
esset omnibus definita mors, optandum esse, ut
vita, quæ necessitati deberetur, patriæ potiùs donata, quàm reservata naturæ videretur ? nesciebam, inter sapientissimos homines hanc contentionem fuisse, ut alii dicerent animos hominum
sensusque morte restingui, alii autem tùm maximè
mentes sapientium ac fortium virorum, quùm è
corpore excessissent, sentire ac vigere? quorum alterum fugiendum non esse, carere sensu ; alterum
etiam optandum, meliore esse sensu.

49. Denique, quùm omnia semper ad dignitatem
retulissem, nec sine eâ quidquam expetendum esse
homini in vitâ putâssem ; mortem, quam etiam virgines Athenis, regis, opinor, Erechthei [1] filiæ,
pro patriâ contempsisse dicuntur, ego vir consularis, tantis rebus gestis, timerem ? præsertim
quùm ejus essem civitatis, ex quâ Q. Mucius solus
in castra Porsennæ venisset, eumque interficere,
propositâ sibi morte, conatus esset? ex quâ P. Decius
primùm pater, post aliquot annos patriâ virtute
præditus filius, se ac vitam suam, instructâ acie,
pro salute populi Romani victoriâque devovisset ?
ex quâ innumerabiles alii, partim adipiscendæ laudis, partim vitandæ turpitudinis causâ, mortem,
in variis bellis, æquissimis animis oppetissent?
in quâ civitate ipse meminissem, patrem hujus
M. Crassi, fortissimum virum, ne videret victorem
vivus inimicum [2], eâdem sibi manu vitam exhausisse, quâ mortem sæpè hostibus obtulisset ?

---

[1] *Erecthei.* Erecthée, docile à l'oracle, dévoua sa
fille Aglaure pour le salut d'Athènes. Ses deux autres

si dépourvu d'esprit et de jugement ? N'avais-je rien
entendu, rien vu ? n'avais-je, moi-même, rien appris
dans mes lectures et mes études ? Ne savais-je pas que
la carrière de la vie est courte, la gloire éternelle ?
qu'étant tous voués à la mort, cette vie que nous ren-
drons un jour au destin, nous devons souhaiter de la
donner en tribut à la patrie, plutôt que de paraître la
réserver à la nature. Ignorais-je que parmi les plus ha-
biles philosophes, les uns soutenaient que l'âme et le
sentiment s'éteignaient à la mort, d'autres que ce n'est
qu'après avoir abandonné le corps que les âmes des sages et des héros avaient le plus de sensibilité et d'énergie ? En conséquence, selon les premiers on ne doit pas
fuir la mort, puisqu'elle prive de sentiment ; selon les
seconds, on doit la souhaiter, puisqu'elle le rend plus
parfait.

49. Enfin, lorsque j'avais jusqu'alors tout rapporté à la
gloire, que sans elle, à mon avis, l'homme n'avait rien à
désirer dans la vie, la mort que de jeunes Athéniennes,
filles, je pense, du roi Erechthée, ont embrassée, dit-on,
pour leur patrie, cette mort, je l'aurais redoutée, moi,
Romain, consulaire ; moi qui ai fait de si grandes choses !
je l'aurais redoutée ! moi surtout, concitoyen de ce
Mucius qui se rendit seul au camp de Porsenna et s'ef-
força de le tuer, décidé d'avance à mourir ; de ce Décius dont le fils héritier du courage de son père, et, à son
exemple, rangea son armée en bataille, puis se dévoua
pour le salut et la victoire du peuple Romain ; de cette
foule innombrable de guerriers que l'amour de la gloire,
ou l'horreur de la honte, fit voler dans les différentes
guerres au-devant du trépas avec une tranquillité d'âme
inaltérable ? moi, citoyen d'une ville où je me serais
souvenu que le père de M. Crassus, un héros, pour ne
pas voir de ses yeux son adversaire vainqueur, avait
terminé sa vie de cette même main qui avait souvent
donné la mort aux ennemis !

---

filles, fidèles à leur serment de mourir toutes trois ensemble, se donnèrent la mort.

2. *Inimicum.* Cinna.

3.

La mort de Cicéron eût été fatale à la république,
au lieu que son exil l'a sauvée. Grandeur du
sacrifice qu'il lui a fait. Il tire son dernier

. XXII. Hæc ego et multa alia cogitans, hoc videbam, si causam publicam mea mors peremisset,
neminem unquàm fore, qui auderet suscipere contra improbos cives reipublicæ salutem. Itaque non
solùm si vi interissem, sed etiam si morbo exstinc-
tus essem, fore putabam, ut exemplum reipublicæ
conservandæ mecum simùl interiret. Quis enim
unquàm, me à senatu populoque Romano, tanto
omnium bonorum studio, non restituto (quod certè,
si essem interfectus, accidere non potuisset) ullam
reipublicæ partem cum suâ minimâ invidiâ auderet attingere? Servavi igitur rempublicam discessu
meo, Judices : cædem à vobis liberisque vestris,
vastitatem, incendia, rapinas, meo dolore meoque
luctu depuli; et unus rempublicam bis servavi,
semel gloriâ, iterùm ærumnâ meâ. Neque enim in
hoc me hominem esse inficiabor unquàm, ut me
optimo fratre, carissimis liberis, fidelissimâ con-
juge, vestro conspectu, patriâ, hoc honoris gradu,
sine dolore caruisse glorier : quod si fecissem ; quod
à me beneficium haberetis, quùm pro vobis ea,
quæ mihi essent vilia, reliquissem ? Hoc, meo
quidem animo, summi in patriam amoris mei signum
esse debet certissimum, quòd, quùm abesse ab eâ
non possem sine summo dolore, hunc me perpeti,
quàm illam labefactari ab improbis, malui.

51. Memineram, Judices, divinum illum virum, atque ex iisdem, quibus nos, radicibus [1] na-
tum ad salutem imperii hujus, C. Marium, summâ
senectute, quùm vim propè justorum armorum
profugisset, primò senile corpus paludibus occul-

---

1 *Ex iisdem... radicibus.* Né à Arpinum.

moyen du malheur et de la résignation de Ma-
rius, en établissant la différence de leurs posi-
tions respectives.

XXII. Pénétré de ces réflexions et d'une foule d'autres, je voyais que, si ma mort eût foudroyé la cause
publique, personne n'oserait plus défendre le salut de
l'état contre d'impies citoyens; et même, si j'avais succombé, ou que ma vie se fût éteinte par la maladie, je
pensais qu'il devait en résulter que l'exemple de sauver
sa patrie périrait avec moi. En effet, si le sénat, le
peuple Romain, tous les gens de bien de concert ne
m'avaient rappelé, qui oserait, étant en butte au plus
faible ennemi, prendre la moindre part aux affaires
publiques? Juges, j'ai donc sauvé la république par
mon départ: mes peines, mes afflictions ont donc éloi-
gné de vous, de vos enfans, le carnage, la dévastation,
l'incendie et les rapines; sauvée deux fois par moi seul,
ma patrie a dû son salut d'abord à ma gloire, puis à mes
larmes. Oui, j'ai pleuré; je suis homme et sensible; je
n'en rougirai jamais; le meilleur des frères, des enfans
chéris, une épouse fidèle, votre présence, ma patrie,
mon rang honorable, tout mon bonheur m'échappait,
et je me vanterais qu'une telle privation n'a pas affligé
mon cœur! si je le faisais, quel droit aurais-je à votre
reconnaissance, puisque je n'aurais abandonné pour
vous que les objets de mes dédains. Je crois que la
preuve la plus éclatante de mon ardent amour pour ma
patrie, c'est que, ne pouvant m'éloigner d'elle sans
ressentir la plus vive douleur, j'ai mieux aimé souffrir
que de voir des méchans la renverser.

51. Je me souvenais, Juges, qu'un héros d'essence
divine, né aux mêmes lieux que moi pour le salut de
cet empire, C. Marius, réduit, dans une extrême vieil-
lesse, à fuir une force armée, presque légitime, avait
d'abord caché au fond des marais son corps exténué

tâsse demersum : deindè ad infimorum ac tenuissi-
morum hominum Minturnis misericordiam confu-
gisse : indè navigio perparvo, quùm omnes portus
terrasque fugeret, in oras Africæ desertissimas per-
venisse. Atque ille vitam suam, ne inultus esset,
ad incertissimam spem, et ad reipublicæ statum
reservavit : ego, qui (quemadmodùm multi in senatu, me absente, dixerunt) periculo reipublicæ
vivebam, quique ob eam causam consularibus litteris de senatûs sententiâ exteris nationibus commen-
dabar, nonne, si meam vitam deseruissem, rempublicam prodidissem? in quo quidem nunc, me
restituto, vivit mecum simul exemplum fidei publicæ, exemplum reipublicæ defendendæ : quod si
immortale retinetur, quis non intelligit immortalem hanc civitatem futuram ? .

Rome est toute-puissante au dehors. Ses troubles
domestiques seuls la tourmentent. La mort de

XXIII. Nam externa bella regum, gentium,
nationum, jampridem ità exstincta sunt, ut præclarè cum iis agamus, quos pacatos esse patiamur :
deniquè ex bellicâ victoriâ non ferè quemquam est
invidia civium consecuta: domesticis malis, et audacium civium consiliis sæpè est resistendum ; eorumque periculorum est in republicâ retinenda medicina [1] : quam omnem, Judices, perdidissetis, si
meo interitu senatui populoque Romano doloris sui
de me declarandi potestas esset erepta. Quarè mo-
neo vos, adolescentes, atque hoc meo jure præci-
pio, qui dignitatem, qui rempublicam, qui gloriam spectatis ; ne, si qua vos aliquandò necessitas
ad rempublicam contra improbos cives defenden-
dam vocabit, segniores sitis, et recordatione mei
casûs à consiliis fortibus refugiatis.

---

[1] *Eorum periculorum medicina.* Savoir : la protection
des bons citoyens contre les méchans.

par l'âge ; qu'ensuite il s'était réfugié à Minturnes où il implorait la pitié de la classe la plus humble et la plus misérable ; que de là, sur une frêle barque, fuyant les ports et les terres, il avait abordé sur la côte la plus déserte de l'Afrique. Là, couvant dans son cœur le désir de la vengeance, il conserva sa vie, dans l'espoir très-incertain d'une heureuse révolution : et moi, ainsi que l'ont dit en mon absence beaucoup de sénateurs, moi qui sentais le sort de la république attaché au mien, moi que, pour ce motif, les consuls dans leurs lettres recommandaient de la part du sénat aux nations étrangères, si j'avais abandonné la vie, n'aurais-je pas trahi l'état ? au lieu que maintenant par mon rappel, j'offre un exemple vivant de la foi publique et du patriotisme. Si cet exemple se perpétue à jamais parmi nous, n'y voit-on pas l'immortalité de cette ville ?

Cicéron aurait enlevé tout moyen d'y remédier.
Conseils et exhortations à la jeunesse Romaine.

XXIII. L'incendie de nos guerres étrangères avec les rois, les peuples et les nations est depuis long-temps éteint ; nous les traitons même généreusement en les laissant en paix. Au reste, la gloire guerrière a rarement excité la haine civile : les maux domestiques, les complots d'audacieux citoyens, voilà où souvent l'on trouve une forte résistance. L'arme contre ces dangers, la république doit la conserver ; et vous l'auriez à jamais perdue, Juges, si ma mort eût ravi au sénat et au peuple Romain le pouvoir de manifester sa douleur de mon infortune. Recevez donc mes avis, et j'ai acquis le droit de vous les donner, jeunes Romains, vous qui ne respirez que les honneurs, le dévouement à la patrie, la gloire ; si un jour la nécessité vous appelle à la défense de la république contre des citoyens pervers, n'en soyez pas moins ardens, et que le souvenir de mon malheur ne bannisse pas de votre cœur les résolutions héroïques.

53. Primùm, non est periculum ne qui unquàm sint in civitate ejusmodi consules, præsertim si erit his id, quod debetur, persolutum : deindè nunquàm jàm, ut spero, quisquam improbus consilio et auxilio bonorum se oppugnare rempublicam dicet, illis tacentibus ; nec armati exercitûs terrorem opponet togatis ; neque erit justa causa ad portas sedenti imperatori, quarè terrorem suum falso jactari, opponique patiatur : nunquàm enim erit tàm oppressus senatus, ut ei ne supplicandi quidem ac lugendi sit potestas : tàm captus equester ordo, ut equites Romani à consule relegentur. Quæ quùm omnia, atque etiam multò alia majora, quæ consultò prætereo, accidissent, vidissetis me tamén in pristinam meam dignitatem, brevi temporis dolore interjecto, reipublicæ voce esse revocatum.

Tableau pathétique de l'exil de Cicéron. Exclamation contre ses ennemis. Leur tyrannie et leur violence. La cupidité des consuls triomphe.

XXIV. Sed, ut revertar ad illud, quod mihi in hâc omni est oratione propositum, omnibus malis illo anno, scelere consulum, rempublicam esse confectam ; primùm illo ipso die, qui mihi funestus fuit, omnibus bonis luctuosus, quùm ego me è complexu patriæ conspectuque vestro eripuissem, et metu vestri periculi, non mei, furori hominis, sceleri, perfidiæ [1], telis, minisque cessissem ; patriamque, quæ mihi erat carissima, propter ipsius patriæ caritatem reliquissem : quùm meum illum casum tàm horribilem, tàm gravem, tàm repentinum, non solùm homines, sed tecta urbis ac templa lugerent : nemo vestrûm forum, nemo curiam, nemo lucem adspicere vellet : illo, inquam,

---

1 *Perfidiæ.* Clodius fut parjure au serment qu'il avait fait à Pompée de laisser tranquille Cicéron.

53. D'abord on ne peut craindre de tomber jamais sous des consuls semblables à ceux que nous avons eus dans cette ville, surtout si ceux dont je parle sont récompensés, comme on le doit; un fourbe ne profitera plus, je l'espère, du silence des gens de bien, pour dire que c'est par leur conseil, et avec leur secours qu'il agit contre la république; il n'opposera plus la terreur d'une armée menaçante à des citoyens sans défense; nul motif plausible n'obligera un général campé aux portes de Rome à souffrir qu'un imposteur prône son appui et se serve de lui comme d'un épouvantail; le sénat ne sera plus assez opprimé pour n'avoir plus le droit des prières et même des larmes, ni l'ordre équestre assez enchaîné pour qu'un consul bannisse des chevaliers Romains. Malgré toutes ces calamités et de beaucoup plus grandes encore que je tais à dessein, vous me voyez cependant, après un court espace de temps passé dans la douleur, rappelé par ma patrie et rendu à mon ancienne dignité.

La famille de l'orateur persécutée et ses biens pillés.

XXIV. Mais je reprends la proposition principale de ce discours, c'est-à-dire que cette année, par la scélératesse des consuls, tous les malheurs sont venus écraser la république. Parlons d'abord de ce jour qui me fut si funeste, jour de deuil pour tous les gens de bien. Je venais de m'arracher de l'enceinte de ma patrie, de votre présence; tremblant pour vous, intrépide pour moi-même, je venais de céder à la fureur, au crime, à la perfidie, aux traits, aux menaces d'un homme; oui, ma patrie, par cela même qu'elle est si chère à mon cœur, je venais de l'abandonner. Tous les citoyens, les temples, les murs mêmes de la ville déploraient mon malheur si horrible, si accablant, si inopiné. Personne de vous ne voulait voir ni le forum, ni le sénat, ni la lumière; eh bien! ce même

ipso die, die dico? imò horâ, atque etiam punctò témporis eodem, mihi, reique publicæ pernicies; Gabinio, et Pisoni provincia rogata est. Proh! dii immortales, custodes et conservatores hujus urbis atque imperii! quænam illâ in republicâ monstra, quæ scelera vidistis? civis erat expulsus is, qui rempublicam ex senatûs auctoritate cum omnibus bonis defenderat; et expulsus non alio aliquo, sed eo ipso crimine : erat autèm expulsus sine judicio, vi, lapidibus, ferro, servitio denique concitato : lex erat lata, vastato ac relicto foro, et sicariis servisque tradito; et ea lex, quæ ut ne ferretur, senatus fuerat veste mutatâ.

55. Hâc tantâ perturbatione civitatis, ne noctem quidem consules inter meum discrimen, et eorum prædam, interesse passi sunt : statim, me perculso, ad meum sanguinem hauriendum, et, spirante etiam republicâ, ad ejus spolia detrahenda advolaverunt. Omitto gratulationes, epulas, partitionem ærarii [1], beneficia, spem, promissa, prædam, lætitiam paucorum in luctu omnium : vexabatur uxor mea : liberi ad necem quærebantur : gener, et Piso gener, à Pisonis consulis pedibus supplex rejiciebatur : bona diripiebantur, eaque ad consules deferebantur [2] : domus ardebat in palatio : consules epulabantur. Quòd si meis incommodis lætabantur, urbis tamen periculo commoverentur.

Cicéron revient aux malheurs de la république.
par Clodius et approu-

XXV. Sed, ut à meâ causâ jàm recedam, reliquas illius anni pestes recordamini : sic enim facil-

---

1 *Partitionem ærarii.* Clodius avait extorqué par une loi une somme considérable qu'il avait partagée avec les consuls.

jour-là, que dis-je, ce jour? à l'heure même, à l'instant même où l'on portait l'arrêt de ma ruine, on assi-
gnait des provinces à Gabinius et à Pison. O Dieux immortels! Dieux tutélaires! protecteurs de cette ville et
de cet empire! quels monstres! quels forfaits vous avez
vus dans cette république! Il en avait été banni ce citoyen qui, de l'autorité du sénat et de concert avec tous
les gens de bien, avait défendu sa patrie; il en avait été
banni pour ce crime seul; il en avait été banni sans jugement, par la violence, les pierres, le fer, les brigands, enfin par les esclaves soulevés : une loi avait été
proposée contre lui dans le forum, théâtre sanglant entièrement abandonné du peuple et livré aux sicaires et
aux esclaves; et cette loi, pour qu'elle ne fût pas pu-
bliée, le sénat avait pris le deuil.

55. Dans ce désordre général, les consuls ne souf-
frirent pas qu'il y eût même l'intervalle d'une nuit entre
ma chute et la possession de leur proie. Aussitôt que
j'eus été frappé, ils volèrent pour s'abreuver de mon
sang et s'arracher les dépouilles de la patrie encore
expirante. Je passe sous silence les félicitations, les
festins, le partage du trésor public, les libéralités, l'espérance, les promesses, le butin, la joie d'un petit
nombre au milieu du deuil universel. Ma femme était en
butte aux vexations. Les Sicaires cherchaient mes enfans. Pison, l'époux de ma fille, Pison, mon gendre, se
jetait en suppliant aux pieds du consul Pison; il en
était fièrement repoussé! On pillait mes biens, on les
transmettait aux consuls : ma maison brûlait sur le
mont Palatin ; et les consuls se livraient à des orgies!
Ah! s'ils se réjouissaient de mes infortunes, devaient-ils
être de bronze devant le péril de la patrie?

Il fait l'énumération des lois subversives portées
vées par les consuls.

XXV. Enfin c'est trop vous occuper de moi seul;
rappelez-vous donc les autres fléaux de cette année là;

2 *Ad consules deferebantur.* Son habitation de Tus-
culum à Gabinius, celle du mont Palatin à Pison.

limè perspicietis, quantam vim omnium remedio-
rum à magistratibus proximis respublica desiderâ-
rit : legum multitudinem, quùm earum, quæ
latæ sunt, tum verò ,.quæ promulgatæ fuerunt :
nam latæ quidem sunt consulibus illis, tacentibus
dicam ? imò verò approbantibus etiam, ut censo-
ria notio, et gravissimum judicium sanctissimi
magistratûs de republicâ tolleretur [1]; ut collegia non
modò illa vetera contra senatûs-consultum restitue-
rentur , sed ab uno gladiatore innumerabilia alia
nova conscriberentur; ut, remissis semissibus et
trientibus [2], quinta propè pars vectigalium tolleretur; ut Gabinio pro illâ suâ Ciliciâ, quam sibi,
si rempublicam prodidisset, pactus erat, Syria da-
retur; ut uni helluoni bis de eâdem re deliberandi,
et, rogatâ lege, potestas fieret provinciæ comminu-
tandæ.

Suite de l'énumération. Lois sacriléges de Clodius.
Ptolémée, roi

XXVI. Mitto eam legem [3], quæ omnia jura religionum, auspiciorum, potestatum, omnes leges,
quæ sunt de jure et de tempore legum rogandarum,
unâ rogatione delevit : mitto omnem domesticam
labem : etiam exteras nationes illius anni furore con-
quassatas videbamus. Lege tribunitiâ Matris Ma-
gnæ Pessinuntius ille sacerdos expulsus et spolia-
tus sacerdotio est, fanumque sanctissimarum atque

---

1 *Gravissimum judicium... tolleretur.* Clodius n'abolit
pas la censure ; il en restreignit l'autorité. Jusque-là
les censeurs pouvaient flétrir à leur gré les citoyens :
par cette nouvelle loi il fallait une enquête légale. Si
Clodius ne s'était rendu coupable que de pareils délits, il
serait, sans contredit, un sage législateur. Il obviait à
bien des abus.

2 *Remissis semissibus.* Depuis le tribunat de C. Grac-

vous sentirez parfaitement alors quels remèdes nombreux et efficaces la république eût à désirer de ses nouveaux magistrals: rappelez-vous cette multitude de lois
proposées ou promulguées. On ordonna en présence de
ces consuls, de leur aveu tacite, dirai-je? bien mieux,
avec leur homologation même, que la censure avec son
important et saint ministère serait abolie dans la république; que les anciennes corporations non seulement seraient rétablies malgré un sénatus-consulte;
mais qu'un nombre illimité de nouvelles seraient for-
mées par ce gladiateur; que, le blé étant désormais
gratuitement distribué au peuple, on enleverait à la
république le cinquième de ses revenus; qu'au lieu de la
Cilicie dont il était convenu dans le traité, pour prix
de sa trahison envers la république, Gabinius aurait la
Syrie; qu'on accorderait à ce tigre insatiable le droit
de mettre deux fois la même affaire en délibération et
de permuter sa province, malgré la ratification du premier choix.

Décret du peuple porté par le tribun contre
de Chypre.

XXVI. Je ne parle point de cette loi qui seule anéan-
tit toutes les prérogatives de la religion, des auspices,
de l'autorité, et toutes les lois qui règlent le droit et le
temps des propositions de lois. Je ne parle point de
cette foule de plaies intestines : nous avons vu les se-
cousses violentes de cette année se faire sentir jusque
chez les nations étrangères. A Pessinonte, par une loi
tribunitienne, le prêtre de la grande Déesse, mère des
Dieux; fut chassé, dépouillé du sacerdoce; et le temple
consacré aux mystères les plus vénérables par leur sain-

---

chus tous les citoyens étaient fournis de blé par la république, au prix de dix deniers à peu près de notre mo-
naie le boisseau (*semissibus et trientibus*). Clodius en
rendit la distribution gratuite.

3 *Eam legem.* Cette loi défendait à tout magistrat de
consulter les auspices, pendant la délibération des
tribus.

antiquissimarum religionum venditum pecuniâ grandi, Brogitaro, impuro homini atque indigno illâ religione, præsertim quùm ea sibi ille non colendi, sed violandi causâ appetîssęt : appellati reges à populo, qui id nunquàm ne à senatu quidem postulâssent : reducti exsules Byzantium condemnati tùm, quùm indemnati cives è civitate ejiciebantur.

58. Rex Ptolemæus [1], qui si nondùm erat ipse à senatu socius appellatus, erat tamen frater ejus regis, qui quùm esset in eâdem causâ, jàm erat à senatu honorem istum consecutus : erat eodem genere, iisdemque majoribus, eâdem vetustate societatis : denique erat rex, si nondùm socius, at non hostis; pacatus, quietus, fretus imperio populi Romani, regno paterno atque avito; regali otiò perfruebatur : de hoc nihil cogitante, nihil suspicante, eisdem operis suffragium ferentibus, est rogatum, ut, sedens cum purpurâ et sceptro, et illis insignibus regiis, præconi publico subjiceretur; et imperante populo Romano, qui etiam bello victis regibus regna reddere consuevit, rex amicus, nullâ injuriâ commemoratâ, nullis repetitis rebus, cum bonis omnibus publicaretur.

Après les attentats commis sur lui, Cicéron ne trouve rien d'horrible, comme le décret de confiscation contre Ptolémée. Générosité de la

XXVII. Multa acerba, multa turpia, multa turbulenta habuit ille annus : tamen illi sceleri, quòd

---

1 *Rex Ptolemæus.* Cicéron ne s'élève contre ce trait d'autorité de Clodius que par une aveugle récrimination ; la loi portée par le tribun contre le roi de Chypre

teté et leur extrême antiquité, fut vendu pour une
somme très-forte à Brogitare, homme impur et d'autant
plus indigne de ce pieux ministère, qu'il l'avait brigué
non par dévotion à ce culte sacré, mais pour le profa-
ner. Le peuple donnait le titre de rois à ceux qui ne
l'auraient jamais sollicité du sénat : des exilés condamnés
juridiquement rentraient à Bysance ; à Rome, sans condamnation préalable, on bannissait des citoyens.

58. Le roi Ptolémée, s'il n'avait pas encore reçu du
sénat le titre d'allié, était cependant frère d'un roi qui,
se trouvant dans la même catégorie que lui, en avait
déjà obtenu cet honneur ; né du même père, issu des
mêmes aïeux, son alliance avec nous était aussi ancienne ; enfin c'était un roi qui, sans être notre allié,
ne nourrissait contre nous aucun sentiment hostile. Toujours en paix, tranquille, fort de la protection puissante du peuple Romain, heureux sur le trône de son
père et de son aïeul, il jouissait de tout le loisir de la
royauté. Il ne s'attendait à rien, ne soupçonnait rien,
lorsque les manœuvres du tribun donnent contre lui leur
suffrage et on arrête que Ptolémée, assis sur son trône,
revêtu de la pourpre et le sceptre en main, serait, avec
ses insignes de la royauté, mis à l'enchère par un
crieur public, et que, d'après l'ordre absolu du peuple
Romain dont la magnanimité habituelle a toujours rendu
la couronne aux rois même vaincus, un roi votre ami,
sans qu'on lui reproche un outrage, sans qu'on lui réclame une usurpation, sera vendu avec tous ses biens
au profit de l'état.

. *république envers Antiochus et Tigrane, en op-*
position avec l'acte de tyrannie inouï exercé sur
un roi allié.

XXVII. Mille atrocités, mille turpitudes, mille
orages ont signalé cette année : cependant je ne sais si

était très-juste, puisqu'elle revendiquait un royaume
usurpé qui appartenait par héritage en toute propriété
à la république romaine.

in me illorum immanitas edidit, haud scio , an
rectè hoc proximum ¹ esse dicam. Antiochum illum Magnum majores nostri, magnâ belli contentione, terrâ marique superatum , intra montem
Taurum regnare jusserunt : Asiam , quâ illum mul-
târunt, Attalo, ut is regnaret in eâ , condonave-
runt. Cum Armeniorum rege, Tigrane , grave bellum perdiuturnumque gessimus ; quùm ille , injuriis in socios nostros inferendis , bello propè nos la-
cessisset : hic et ipse per se vehemens fuit, et acerrimum hostem hujus imperii Mithridatem , pulsum
Ponto , opibus suis regnoque defendit ; et à Lucullo ,
summo viro atque imperatore, pulsus , animô tamen hostili cum reliquis copiis suis in pristinâ
mente mansit : hunc Cn. Pompeius, quùm in suis
castris supplicem abjectumque vidisset , erexit , atque insigne regium , quod ille de suo capite abjece-
rat, reposuit, et, imperatis certis rebus, regnare jussit : nec minùs et sibi et huic imperio gloriosum putavit, constitutum à se regem , quàm constrictum videri.

6ᴏ. Tulit, gessit ² *. Qui et ipse hostis fuit populi Romani , et acerrimum hostem in regnum recepit : qui conflixit, qui signa contulit , qui de
imperio penè certavit, regnat hodiè, et amicitiæ
nomen ac societatis, quod armis violârat, id precibus est consecutus. Ille Cyprius miser, qui semper socius, semper amicus fuit: de quo nulla unquàm suspicio durior aut ad senatum , aut ad imperatores nostros allata est; vivus (ut aiunt) est ,
et videns, cum victu ac vestitu suo publicatus.
En, cur cæteri reges stabilem esse suam fortunam
arbitrentur , quùm hoc illius funesti anni prodito

_____

1 *Hoc proximum.* Le prétendu crime de Clodius envers Ptolémée.
2 *Tulit gessit.* Ce passage ne présente aucun sens

ce forfait, le plus odieux de tous ceux qui pèsent sur eux, approche de celui que leur férocité a commis sur moi. Antiochus le grand avait été vaincu sur terre, dans une guerre très-acharnée; nos ancêtres lui fixèrent le mont Taurus pour frontières de son empire, et l'Asie qu'ils lui enlevèrent en châtiment, ils en gratifièrent Attale avec le droit de souveraineté. Nous avons soutenu une guerre longue et périlleuse contre Tigrane, roi d'Arménie, qui nous avait, pour ainsi dire, attaqués, en se rendant coupable d'insultes envers nos alliés; son animosité personnelle, déjà très-violente par elle-même, fut encore alimentée par le plus ardent ennemi de cet empire, Mithridate, qui, chassé du Pont, trouva un asyle dans ses états et un bouclier dans ses puissantes ressources. Réduit à fuir par Lucullus, en même temps grand citoyen et grand général, il entretint dans son cœur avec le reste de ses troupes un ressentiment invétéré et des intentions hostiles. Cependant, lorsque Cn. Pompée le vit suppliant et prosterné dans sa tente, il le releva, replaça sur sa tête l'insigne royal qu'il en avait renversé, et, après lui avoir prescrit certaines conditions, il lui ordonna de régner, pensant qu'il ne serait pas moins glorieux pour lui et pour cet empire d'avoir rétabli un roi sur le trône, que de l'avoir chargé de chaînes.

60. Pompée fut magnanime et Tigrane régna. Lui qui fit la guerre au peuple Romain et recueillit dans son royaume notre ennemi mortel, lui qui nous livra des batailles, nous opposa ses enseignes, nous disputa presque l'empire, il règne aujourd'hui; et cette amitié, cette alliance qu'il avait violée par ses armes, il les a obtenues par ses prières; tandis que ce malheureux roi de Chypre qui fut toujours notre allié, toujours notre ami; ce roi qu'un soupçon défavorable n'a jamais atteint ni devant le sénat, ni devant nos généraux, a vu mettre à l'enchère tous ses biens et jusqu'à sa personne. Certes, les autres rois auront bien sujet de croire à la stabilité de leur fortune, lorsque l'exemple notoire et terrible de

---

précis. J'ai donc paraphrasé ces deux mots de la manière qui m'a semblé la plus favorable à la liaison des idées, et à la vérité des sentimens.

exemplo videant, per tribunum aliquem et sex-
centas operas, se fortunis spoliari et regno omni
posse nudari.

*Caton est chargé de mettre à exécution l'arrêt de
confiscation. Portrait sublime de la vertu. Conduite admirable de Caton pendant l'année ora-
geuse dont Cicéron fait le tableau historique.*

XXVIII. At etiam eo negotio ¹ M. Catonis
splendorem maculare voluerunt; ignari, quid gravitas, quid integritas, quid magnitudo animi,
quid denique virtus valeret : quæ in tempestate
sævâ quieta est, et lucet in tenebris, et pulsa loco
manet tamen, atque hæret in patriâ, splendetque
per se semper, neque alienis unquàm sordibus ob-
solescit. Non illi ornandum M. Catonem, sed rele-
gandum ; nec illi committendum illud negotium,
sed imponendum putaverunt : qui in concione
palàm dixerint, linguam se evellisse M. Catoni,
quæ semper contra extraordinarias potestates libera
fuisset. Sentient, ut spero, brevi tempore, manere
libertatem illam ; atque hòc etiam, si fieri poterit,
esse majorem, quòd cum consulibus illis M. Cato,
etiam quùm jàm desperâsset aliquid auctoritate
suâ profici posse, tamen voce ipsâ ac dolore pugna-
vit; et post meum discessum, iis Pisonem verbis,
flens meum et reipublicæ casum, vexavit, ut illum
hominem perditissimum atque impudentissimum
penè jàm provinciæ pœniteret.

62. Cur igitur rogationi paruit? Quasi verò ille
non in alias quoque leges, quas injustè rogatas putaret, jàm antè jurârit : non offert se ille istis te-
meritatibus, ut quùm reipublicæ nihil prosit, se
cive rempublicam privet. Consule me, quùm esset

---

1 *Eo negotio.* La vente des biens de Ptolémée.

cette funeste année leur prouve qu'un tribun et six
cents manœuvres peuvent les dépouiller de leurs biens
et leur ravir tous leurs états.

*L'orateur le justifie de tout ce qui pourrait
porter atteinte à son intégrité et à la noblesse
de son caractère. Son dévouement.*

XXVIII. Bien plus, ils voulurent ternir la gloire de
M. Caton en le chargeant de cette infâme mission ; ils
ignoraient sans doute quel est l'empire de l'honneur, de
l'intégrité, de la grandeur d'âme, de la vertu enfin ;
la vertu calme au milieu des fureurs de la tempête, et
brillante dans les ténèbres ; la vertu fixée au sol natal
et inhérente à la patrie, malgré l'exil ; la vertu belle
d'un éclat dont elle est la source unique et que nulle
souillure étrangère ne peut altérer. Leur intention n'é-
tait pas d'honorer Caton, mais de le reléguer ; on ne
voulait pas lui confier une affaire importante, mais lui
imposer un fardeau : mais n'ont-ils pas dit en pleine
assemblée qu'ils avaient arraché à Caton cette langue
qui s'est toujours élevée librement contre les actes de
pouvoir extraordinaires ? Ils sentiront bientôt, je l'espère,
qu'elle vit encore cette liberté, et que peut-être elle a
acquis plus d'énergie : en effet, persuadé que son autorité serait impuissante contre de tels consuls, Caton
mit pourtant dans la balance sa voix de sage et sa douleur ; après mon départ, désolé de mon malheur et de
celui de la république, il persécuta tellement Pison par
ses reproches, qu'il força presque le plus perverti et le
plus impudent des hommes à rougir de son gouvernement.

63. Pourquoi donc obéit-il à cette loi ? eh ! il avait
bien juré obéissance à d'autres qui lui semblaient in-
justes. Caton, par une lutte désespérée contre les violences des méchans, s'expose-t-il à priver sans aucun
fruit sa patrie d'un citoyen comme lui ? Sous mon con-

designatus tribunus plebis, obtulit in discrimen
vitam suam : dixit eam sententiam [1], cujus invidiam capitis periculo sibi præstandam videbat : dixit
vehementer : egit acriter : ea quæ sensit, præ se
tulit : dux, auctor, actor rerum illarum fuit : non
quò periculum suum non videret ; sed in tantâ
reipublicæ tempestate nihil sibi, nisi de patriæ
periculis cogitandum putabat. Consecutus est ipsius
tribunatus.

*Exemple de l'énergie et de l'intrépidité de Caton
dans une circonstance décisive. L'intérêt de
l'état n'exigeait pas qu'il s'opposât téméraire-*

XXIX. Quid ego de singulari magnitudine
animi ejus, ac de incredibili virtute dicam ? Meministis illum diem [2], quùm, templo à collegâ oc-
cupato, nobis omnibus de vitâ ejus viri et civis
timentibus, ipse animo fortissimo venit in templum, et clamorem hominum auctoritate ; impetum
improborum virtute sedavit. Adiit tum periculum,
sed adiit ob causam [3] : quæ quanta fuerit, jàm
mihi dicere non est necesse. At, si isti Cypriæ rogationi sceleratissimæ non paruisset, hæreret illa
nihilominùs in republicâ turpitudo. Regno enim
jàm publicato, de ipso Catone erat nominatim rogatum : quod ille si repudiâsset, dubitatis, quin
ei vis esset allata, quùm omnia acta illius anni per
illum unum labefactari viderentur !

65. Atque etiam hoc videbat : quoniam illa in
republicâ macula regni publicati maneret, quam

---

1 *Dixit eam sententiam.* La sentence de mort contre
les complices de Catilina.
2 *Meministis illum diem.* Cicéron ménage ici Pompée et César en n'entrant dans aucun détail. Caton,

sulat, tribun désigné, a-t-il craint pour sa vie lorsqu'il
ouvrit un avis dont il voyait la haine menacer sa tête.
Il parla avec véhémence ; il agit avec vigueur : ses sentimens, ses pensées, tout se manifesta. Il fut le chef
actif, le conseil, l'âme de toutes les opérations. Ce n'est
pas qu'il fût aveugle sur son péril personnel ; mais, dans
une tempête si violente, il pensait que s'oubliant lui-
même, les dangers de la patrie devaient seuls remplir
son esprit. Suivit son tribunat.

*ment au décret contre Ptolémée. L'honneur de
la République n'est pas intact. Motif pour lequel Caton accepte cette mission. Son exil.*

XXIX. Que dire de sa grandeur d'âme, de son courage incroyable ? Vous vous souvenez de ce jour où,
voyant la tribune envahie par son collègue, nous
tremblions tous pour la vie de ce grand citoyen ; il y
vint avec le calme de l'intrépidité, apaisa par son
ascendant les clameurs de la multitude, et réprima par
son courage la violence des méchans. Caton alors brava
le péril, mais il le brava pour une cause d'une telle importance que je n'ai pas besoin de vous le dire. S'il
n'avait pas juré obéissance à cette loi scélérate contre le
roi de Chypre, cette honte n'en demeurerait pas moins
attachée à la république. En effet, la confiscation était
arrêtée avant qu'on eût proposé d'en charger spéciale-
ment Caton lui-même ; et, s'il eût refusé, doutez-vous
qu'on n'eût usé de violence contre lui qui seul semblait
travailler à la ruine de tous les actes de cette année ?

65. D'ailleurs, il considérait que si la confiscation de
ce royaume avait imprimé à la république une tache

---

seul, parvint à s'opposer à la lecture d'une loi qui ordonnait le rappel de Pompée et de son armée. Malgré
l'ascendant de sa vertu, il aurait en ce jour été victime
de son héroïque fermeté, sans le secours du consul Mu-
réna.

3 *adiit ob causam*, etc. Pour arrêter à sa naissance
la domination de Pompée.

nemo jàm posset eluere ; quod ex malis boni
possit in republicâ provenire, id utilius esse per
se conservari, quàm per alios. Atque ille etiam si
aliquapiam vi expelleretur illis temporibus ex hâc
urbe, facilè pateretur : etenim, qui superiore anno
senatu caruisset, quò si tùm veniret, me tamen
socium suorum in republicâ consiliorum videre
posset ; is æquo animo tùm, me expulso, et meo
nomine quùm universo senatu, tum sententiâ
suâ condemnatâ, in hâc urbe esse posset ? Ille
verò eidem tempori, cui nos, eidem furori, eisdem consulibus, eisdem minis, insidiis, periculis
cessit : luctum nos hausimus majorem, dolorem ille
animi non minorem.

Les consuls pouvaient-ils sévir contre de telles in-
　　famies, comme ils auraient dû le faire, eux
　　qui avaient abandonné Cicéron ? Le tribun de-
　　vient de plus en plus terrible par le silence des

XXX. His de tot tantisque injuriis in socios,
in reges, in liberas civitates, consulum querela
esse debuit : in ejus magistratûs tutelâ reges, atque exteræ nationes semper fuerunt : ecquæ vox
unquàm est audita consulum ? quanquam quis audiret, si maximè queri vellent ? de Cyprio rege que-
rerentur, qui me civem nullo meo crimine, patriæ nomine laborantem, non modò stantem non
defenderunt, sed ne jacentem quidem protexe-
runt ? Cesseram, si alienam à me plebem fuisse vultis, quæ non fuit, invidiæ : si commoveri omnia
videbantur, tempori : si vis suberat, armis : si societas, magistratuum pactioni : si periculum civium, reipublicæ.

67. Cur, quùm de capite civis (non disputo,

indélébile, il était de l'intérêt public qu'il conservât de
préférence à tout autre le bien qui pouvait résulter du
mal. Ah! si dans ces temps orageux une force quelconque l'avait obligé à fuir de Rome, la résignation lui
aurait été facile; lui qui, l'année précédente, s'était
abstenu de paraître au sénat. Alors pourtant, s'il y était
venu, il m'aurait vu embrasser la défense de tous ses
desseins; mais aurait-il pu rester calme et tranquille
dans cette ville, quand j'en étais banni, quand on avait
condamné tout le sénat et la sentence que lui-même
avait conseillé de porter. Caton céda. Les mêmes circonstances que moi, les consuls, les fureurs, les menaces, les embûches, les dangers, tous les élémens de
ma perte enfin, voilà ce qui l'a fait céder. Ma douleur
fut plus expansive, plus éclatante; celle qui pénétra
son cœur ne fut pas moins amère.

consuls. *Cupidité des magistrats spéculant sur*
tout, faisant de l'argent de tout. Tableau de
Rome.

XXX. Des outrages si grands, si multipliés, envers
nos alliés, les rois et les villes libres, ont dû exciter les
plaintes des consuls, puisque les monarques et les nations étrangères ont toujours été sous la tutèle de cette
magistrature. Cependant les consuls ont-ils élevé la voix?
D'ailleurs qui les aurait écoutés, lors même qu'ils auraient eu la ferme volonté de se plaindre? et comment
se seraient-ils plaints de l'attentat commis sur le roi de
Chypre, eux qui, bien loin de me soutenir, lorsque je
faisais face à l'orage, moi citoyen irréprochable, persé-
cuté au nom de ma patrie, ne m'ont pas même pris
sous leur protection, lorsque étendu sans défense je
restais en butte aux coups? J'avais cédé, et c'était à la
haine du peuple, s'il est vrai qu'il me fût contraire;
aux conjonctures, si le désordre semblait généralement
régner; aux armes, si la force triomphait; à la conni-
vence des magistrats, s'ils s'étaient ligués contre moi;
à la république, si mes concitoyens couraient quelque
danger; enfin qu'importe la cause? j'avais cédé.

67. Pourquoi, lorsqu'on proscrivait la vie et les biens

cujusmodi civis) et de bonis proscriptio ferretur; quùm et sacratis legibus, et duodecim tabulis sancitum esset, ut neque privilegium irrogari liceret, neque de capite, nisi comitiis centuriatis, rogari; nulla vox est audita consulum? constitutumque est illo anno, quantum in illis duabus hujus imperii pestibus fuit, jure posse per operas concitatas quemvis civem nominatim, tribuni plebis consilio, ex civitate exturbari?

68. Quæ verò promulgata illo anno fueruut? quæ promissa multis? quæ conscripta? quæ sperata? quæ cogitata, quid dicam? qui locus orbis terræ jam non erat alicui destinatus? cujus negotii publici cogitari, optari, fingi curatio potuit, quæ non esset attributa atque descripta? quod genus imperii, aut quæ provincia, quæ ratio auferendæ, aut conflandæ pecuniæ non reperiebatur? quæ regio, orave terrarum erat latior, in quâ non regnum aliquod statueretur? quis autem rex, qui illo anno non aut emendum sibi, quod non habebat, aut redimendum, quod habebat, arbitraretur? quis provinciam, quis pecuniam, quis legationem ab senatu petebat? Damnatis de vi restitutio; consulatûs petitio ipsi illi populari sacerdoti comparabatur. Hæc gemebant boni, sperabant improbi, agebat tribunus plebis, consules adjuvabant.

Pompée sort de sa retraite et prend la défense de l'état. Son éloge à ce sujet. Le sénat décrète le rappel de Cicéron. Préliminaires d'une révo-

XXXI. Hîc aliquantò serius, quàm ipse vellet, Cn. Pompeius, invitissimis iis, qui mentem optimi ac fortissimi viri suis consiliis, fictisque terroribus, à defensione meæ salutis averterant, excitavit illam suam non sopitam, sed suspicione aliquâ retardatam consuetudinem reipublicæ benè

d'un citoyen (il n'est pas question de quel citoyen), lorsqu'on le proscrivait malgré les lois sacrées et les douze tables qui défendaient de porter une loi spéciale contre des particuliers, et de prononcer sur le sort d'un citoyen, si ce n'est dans les comices par centuries, pourquoi la voix des consuls est-elle restée muette? pourquoi ont-il statué cette année, du moins autant qu'il fut en la puissance de ces deux fléaux de l'empire, que la décision d'un tribun du peuple, soutenue par des manœuvres soulevés, suffirait pour chasser légitimement de la ville tel citoyen qu'il plairait à ses caprices?

68. Enfin que ne promulgua-t-on pas cette année? combien de choses promises, signées, espérées, projetées? Que dirai-je? quel endroit de l'univers n'a pas été destiné à quelqu'un? Quel emploi dans les affaires publiques pouvait-on choisir, souhaiter, imaginer qui ne fût accordé et rempli? quel commandement, quelle province, quel moyen d'enlever ou d'amasser des richesses n'avaient-ils pas trouvé? Etait-il une région, un coin de terre un peu étendu où l'on ne fondât un royaume? un roi qui ne jugeât à propos cette année d'acheter ce qu'il n'avait pas, ou de racheter ce qu'il avait déjà? personne qui sollicitât du sénat de l'argent, une province, une lieutenance? Les exilés pour crime de violence allaient être rappelés; on cabalait pour que ce prêtre populaire briguât le consulat. Les gens de bien gémissaient, les méchans espéraient, le tribun du peuple agissait, les consuls le secondaient.

llution prochaine dans les affaires publiques et la fortune de l'orateur.

XXXI. Alors Cn. Pompée put enfin combler les vœux de son cœur; et, malgré les efforts de ceux qui, par leurs suggestions et leurs feintes terreurs, avaient dissuadé ce héros vertueux de protéger mes jours, il stimula son patriotisme naturellement ardent, et qui, loin d'être éteint, n'avait été que refroidi par le soupçon. Il

gerendæ. Non est passus ille vir [1], qui sceleratissi-
mos cives, qui acerrimos hostes, qui maximas nationes, qui reges, qui gentes feras atque inauditas,
qui prædonum infinitam manum, qui etiam servi-
tia virtute, victoriâque domuisset; qui omnibus
bellis terrâ marique compressis, imperia populi
Romani orbis terrarum terminis definisset, rempublicam everti scelere paucorum, quam ipse non
solùm consiliis, sed etiam sanguine suo sæpè ser-
vâsset : accessit ad causam publicam; restitit auctoritate suâ reliquis rebus : de præteritis questus
est : fieri quædam ad meliorem spem inclinatio visa
est.

70. Decrevit senatus frequens de meo reditu ka-
lendis Jun. dissentiente nullo, referente L. Nin-
nio, cujus in meâ causâ nunquàm fides virtusque
contremuit. Intercessit Ligus iste nescio qui,
additamentum inimicorum meorum. Res erat et
causa nostra eò jàm loci, ut erigere oculos et vivere videretur. Quisquis erat, qui aliquam partem
in meo luctu sceleris Clodiani attigisset, quocum-
que venerat, quod judicium quùmque subierat,
damnabatur. Inveniebatur nemo, qui se suffragium de me tulisse confiteretur. Decesserat ex
Asiâ frater meus magno squalore, sed multò etiam
majore mœrore : huic ad urbem venienti tota ob-
viàm civitas cum lacrymis gemituque processerat :
loquebatur liberiùs senatus : concurrebant equites
Romani : Piso ille, gener meus [2], cui fructum pietatis suæ neque ex me, neque à populo Romano
ferre licuit, à propinquo suo [3] socerum suum sta-

---

1 *Non passus est ille vir*, etc. Inscription placée
par le héros lui-même dans le temple de Minerve bâti
du produit des dépouilles ennemies : « Pompée-le-grand,
général des armées Romaines, après avoir terminé
une guerre de trente ans, défait, mis en fuite, tué ou
forcé à se rendre douze millions cent quatre vingt trois

ne souffrit pas, ce héros, dont les vertus et le courage
avaient dompté les citoyens les plus criminels, les ennemis les plus vaillans, les nations les plus formidables,
des rois, des peuples sauvages et inconnus, une tourbe
immense de brigands, des esclaves mêmes; ce héros
qui, après avoir pacifié la terre et la mer, avait étendu
notre empire jusqu'aux limites du monde; il ne souffrit pas, dis-je, que la scélératesse de quelques traîtres
renversât la république, cette patrie qu'il avait tant de
fois sauvée non seulement par l'énergie de ses résolutions, mais même au prix de son sang. Il vint au secours de la cause publique, opposa son autorité aux
conséquences des désordres, se plaignit de ce qui s'é-
tait passé; alors la face des affaires nous inspira l'espérance d'un plus heureux avenir.

70. Aux Calendes de juin, le sénat, dans une assemblée très-nombreuse, décréta à l'unanimité mon rappel,
sur le rapport de L. Ninnius qui, étranger à la crainte,
a toujours déployé pour moi une fidélité et un courage
inébranlables. Certain Ligurien, nouvelle recrue sans
doute de mes ennemis, protesta seul contre le décret.
Déjà ma fortune et mon parti commençaient à se relever de leur ruine et à reprendre une nouvelle vie. Tous
ceux qui avaient participé à l'atrocité de Clodius envers
moi, partout où ils venaient, à quelque tribunal qu'ils
eussent à comparaître, étaient condamnés. On ne rencontrait personne qui convînt d'avoir voté contre moi.
Mon frère était parti d'Asie en grand deuil, et le cœur
dévoré de chagrin. Toute la ville avait été à sa ren-
contre; chacun pleurait; chacun se lamentait. Le sénat
parlait plus librement. Les chevaliers Romains accou-
raient de toute part : et Pison, Pison mon gendre, qui
n'a pu, hélas! recevoir de moi et du peuple Romain le
prix de sa piété filiale, demandait avec instance son

---

mille hommes, coulé à fond ou pris huit cent quarante-
six vaisseaux, reçu à composition quinze cent trente-
huit villes et châteaux, s'acquitte du vœu qu'il a fait à
Minerve. » *Extraits de Pline p.* 44.

2. *Piso ille, gener meus.* Pison Frugi mourut quelques jours avant le retour de Cicéron.

3 *Propinquo suo.* Le consul Pison.

gitabat : omnia senatus rejiciebat, nisi de me primùm consules retulissent.

Les consuls enchaînés par la loi Clodia ne peuvent dire leur avis. La mort de Pompée est arrétée. Neuf tribuns s'étaient prononcés pour Cicéron ; un seul se détache de son parti. Epigramme

XXXII. Quæ quùm res jam manibus téneretur ; et quùm consules provinciarum pactione libertatem omnem perdidissent, qui, quùm in senatu privatim, ut de me sententias dicerent, flagitabántur, legem illi se Clodiam timere dicebant : quùm hæc non possent jàm diutiùs sustinere, initur consilium de interitu Cn. Pompeii : quo patefacto, ferroque deprehenso, ille inclusus domi támdiù fuit, quamdiù inimicus meus in tribunatu. De meo reditu octo tribuni promulgârunt : ex quo intellectum est, mihi absenti crevisse amicos, in eâ præsertim fortunâ, in quá nonnulli etiam, quos esse putaveram, non erant : sed eos voluntatem semper eamdem, libertatem non eamdem semper habuisse : nam ex novem tribunis, quos tunc habueram, unus, me absente, defluxit; qui cognomen sibi ex Æliorum imaginibus arripuit; quò magis nationis ejus esse, quàm generis, vidéretur.

72. Hoc igitur anno, magistratibus novis designatis, quùm omnes boni omnem spem melioris statûs in eorum fidem convertissent; princeps P. Lentulus auctoritate ac sententiâ suâ, Pisone et Gabinio repugnantibus, causam suscepit, tribunisque plebis octo referentibus, præstantissimam de iie sententiam dixit : qui quùm ad gloriam suam, atque ad amplissimi beneficii gratiam magis pertinere videret, causam illam integram ad suum consulatum reservari, tamen rem talem per alios citiùs, quàm per se tardiùs confici malebat.

beau-père à son parent. Le sénat rejetait toute affaire, avant que les consuls lui eussent fait leur rapport à mon sujet.

contre lui. Publius Lentulus, un des consuls désignés, opine pour le rappel, malgré les efforts des anciens.

XXXII. La victoire était très-certaine; et les consuls enchaînés par le traité sur le choix des provinces, se voyant vivement pressés dans le sénat, d'émettre leur opinion, comme simples particuliers, déclaraient qu'ils craignaient la loi Clodia : mais, comme ils ne pouvaient opposer une plus longue résistance à ces fréquens assauts, la mort de Pompée fut résolue. Le complot découvert et le poignard saisi, Pompée se tint renfermé chez lui tant que mon ennemi fut armé du tribunat. Huit tribuns proposèrent mon rappel; on voit par-là que le nombre de mes amis s'était accru en mon absence, dans un temps d'adversité où quelques-uns sur lesquels j'avais compté trahissaient ma confiance : mais que ces amis, dont la bienveillance était constante, n'avaient pas toujours conservé la liberté de la manifester. En effet, des neuf tribuns qui alors m'étaient dévoués, un seul s'en détacha en mon absence; c'est celui qui a usurpé un surnom des Elius : il voulait sans doute faire croire qu'il tenait plus de la nation que de la famille.

72. En conséquence, cette année, les nouveaux magistrats étant désignés, et tous les bons citoyens se promettant de leur intégrité un ordre de choses plus heureux, P. Lentulus, à qui sa dignité prescrivait de donner le premier son avis, entreprit ma défense, malgré la vive résistance de Gabinius et de Pison ; puis, sur le rapport des huit tribuns du peuple, il émit une opinion prépondérante en ma faveur. Il voyait bien qu'il importait à sa gloire et aux droits qu'il aurait acquis à mon extrême reconnaissance, de réserver intégralement cette cause pour son consulat; il aima mieux pourtant que d'autres achevassent promptement une affaire de si grand intérêt, que de la terminer plus tard par lui-même.

Voyage de Sextius auprès de César pour l'inté-
resser à Cicéron. Son résultat. Les consuls sor-
tent de Rome chargés de l'exécration publique..
Nouveaux tribuns. Gracchus et Serranus cor-

XXXIII. Hoc interim tempore P. Sextius, Judices, designatus, iter ad C. Cæsarem pro meâ
salute suscepit. Quid egerit, quantùm profecerit,
nihil ad causam : equidem existimo, si ille (ut arbitror) æquus nobis fuerit, nihil ab hoc profec-
tum ; sin iratior, non multùm : sed tamen sedu-
litatem atque integritatem hominis videtis. In-
gredior jàm in Sextii tribunatum : nam hoc pri-
mum iter designatus reipublicæ causâ suscepit :
pertinere et ad concordiam civium putavit, et ad
perficiendi facultatem, animum Cæsaris à causâ
non abhorrere. Abiit ille annus : respirâsse homines videbantur, nondùm re, sed spe reipublicæ
recuperandæ : exierunt malis ominibus atque exse-
crationibus duo vulturii paludati ; quibus utinàm
ipsis evenissent ea, quæ tùm homines præcaban-
tur ? neque nos provinciam Macedoniam cum
exercitu, neque equitatum in Syriâ, et cohortes
optimas perdidissemus.

73. Ineunt magistratum tribuni plebis, qui omnes se de me promulgaturos confirmârunt : ex his
princeps emitur ab inimicis meis, is, quem homines in luctu irridentes, Gracchum vocabant [1] :
quoniam id etiam fatum civitatis fuit, ut illa ex
vepreculis extracta nitedula rempublicam conare-
tur arrodere. Alter verò non ille Serranus ab ara-
tro, sed ex deserto Gavii Cœpionis horreo calatis
granis, in Calatinos Atilios insitus, subitò nomini-

_____

[1] *Is quem homines... Gracchum vocabant*, etc. Cicéron accable par le ridicule ce Gracchus et ce Serranus en les comparant aux héros du même nom, dont

*rompus par Clodius. Eloge des nouveaux con-
suls. Empressement général en faveur de Cicéron.*

XXXIII. Sur ces entrefaites, Juges, P. Sextius, tribun
du peuple désigné, entreprit un voyage auprès de
C. César pour mon salut. Ce qu'il y fit, quel en fut le
succès, le récit en est inutile pour cette cause. Du reste,
voici mon avis : si César m'a été favorable, comme
je le crois, je ne le dois pas à ce voyage : si, au contraire, César était exaspéré contre moi, il n'a pas été
très-utile : cependant il vous offre une preuve du zèle
et du désintéressement de Sextius. J'aborde enfin son
tribunat. A peine était-il désigné que l'amour du bien
public lui fait entreprendre ce premier voyage : il pensa
sans doute que pour rendre la concorde aux citoyens
et terminer sans obstacle tous les différens, la volonté
de César ne devait pas être contraire à la cause qu'il
avait embrassée. Cette année s'écoula : les citoyens
semblaient respirer et jouissaient du moins en espérance du rétablissement de la république. Chargés de ma-
lédictions et sous les plus sinistres présages, les deux
brigands sortent de Rome en costume de guerre ; plût
aux dieux qu'il leur fut arrivé tout ce qu'alors on leur
souhaitait ! la province de Macédoine avec une armée,
une cavalerie formidable dans la Syrie et nos meil-
leures cohortes, tout cela ne serait pas perdu.

73. Les tribuns entrent en fonction. Ils s'étaient tous
engagés à promulguer la loi de mon rappel. Le premier que mes ennemis achètent est celui qu'en plai-
santant dans ces jours de deuil on appelait Gracchus ;
ô fatalité infamante pour la république ! quoi ! un vil
animalcule, sorti de ses buissons, devait tâcher de lui
ronger le cœur ! L'autre, qui n'était pas le Serranus
tiré de la charrue, mais ce Serranus qui, fugitif affamé
du misérable grenier de Gavius Cépion, s'était enté
sur les Calatinus Atilius, se voyant inscrit au nombre

les vertus et la popularité étaient en vénération parmi
le peuple.

bus in tabulas relatis, nomen suum de tabulâ sus-
tulit. Veniunt kalendæ Januariæ : vos hæc me-
liùs scire potestis : equidem audita dico : quæ tùm
frequentia senatûs, quæ exspectatio populi, qui
concursus legatorum ex Italiâ cunctâ, quæ virtus,
actio, gravitas P. Lentuli consulis fuerit, quæ
etiam collegæ ejus [1] moderatio de me : qui quùm
inimicitias sibi mecum ex reipublicæ dissensione
susceptas esse dixisset, eas se patribus conscriptis
dixit, et temporibus reipublicæ permissurum.

*Relation succincte de l'opinion de Cotta. Pompée
renchérit sur Cotta. Chacun se déclare à l'envi*

XXXIV. Tùm princeps rogatus sententiam
L. Cotta dixit id, quod dignissimum republicâ
fuit, nihil de me actum esse jure, nihil more majorum, nihil legibus : non posse quemquam de civitate
tolli sine judicio : de capite non modò ferri, sed
ne judicari quidem posse, nisi comitiis centuriatis :
vim fuisse illam, flammam quassatæ reipublicæ,
perturbatorumque temporum, jure judiciisque sublatis : magnâ rerum permutatione impendente, de-
clinâsse me paululùm, et spe reliquæ tranquillita-
tis, præsentes fluctus tempestatemque fugisse :
quare, quùm absens rempublicam non minùs magnis periculis, quàm quodam tempore præsens
liberâssem, non restitui me solùm, sed etiam or-
nari à senatu decere. Disputavit etiam multa pru-
denter, ità de me illum amentissimum et profliga-
tissimum hostem pudoris et pudicitiæ scripsisse,
quæ scripserat, iis verbis, rebus, sententiis, ut,
etiam si jure esset rogatum, tamen vim habere

---

[1] *Collegæ ejus.* C'était Q. Métellus Népos, cousin
de Clodius, et qui avait eu personnellement des démê-
lés très-vifs avec Cicéron pendant son tribunat.

des tribuns votans, fait tout-à-coup effacer son nom
de la liste. Arrivent les Calendes de janvier. Vous en
connaissez les événemens mieux que moi; je ne parle
que d'après ce que j'en ai appris. Vous savez quel fut
alors le concours du sénat, l'impatience du peuple,
l'affluence des députés de toute l'Italie, le courage,
la prudence, la noble fermeté du consul Lentulus,
ainsi que la modération de son collègue envers moi.
Ce dernier, après avoir dit qu'il existait entre nous
une inimitié puisée dans la différence de nos opi-
nions politiques, déclara qu'il la sacrifiait au sénat et
aux conjonctures actuelles de la république.

*pour Cicéron. Tergiversation du seul Atilius
Gavianus, vendu à Clodius. Il entrave la décision.*

XXXIV. Alors L. Cotta, prié d'opiner le premier,
dit à la louange bien méritée de la république, qu'à
mon égard il ne s'était rien fait de conforme à la mar-
che judiciaire, à la coutume de nos ancêtres, ni aux
lois; que nul citoyen ne pouvait être chassé de Rome,
sans avoir été préalablement jugé; que, dans une affaire capitale, aucune loi ne pouvait être portée et même
aucun jugement prononcé, si ce n'est aux comices par
centuries; qu'une telle infraction aux lois et à la justice avait été le fruit dévastateur des convulsions de la
république et des orages de l'époque : qu'à la veille
d'une grande révolution, je m'étais retiré un peu à
l'écart, et que, dans l'espoir de ramener le calme, je
m'étais soustrait à la tempête qui alors bouleversait
les flots; qu'ainsi mon absence n'ayant pas moins
délivré la république de ses grands périls, que ma
présence ne l'avait fait autrefois, le sénat devait non
seulement me rétablir, mais même me décerner de
nouveaux honneurs. Il développa encore avec talent
plusieurs argumens par lesquels il prouva que toutes
les ordonnances lancées contre moi par cet extravagant, par cet abominable ennemi de l'honneur et de
la vertu, étaient trop dépourvues de sens et de raison jusque dans les mots mêmes, pour que, dans l'hy-
pothèse où toutes les formalités auraient été remplies,

non posset : quarè me, qui nullâ lege abessem,
non restitui lege, sed revocari senatûs auotoritate
oportere.

75. Hunc nemo erat, quin verissimè sentire diceret. Sed post eum rogatus Cn. Pompeius, appro-
batâ laudatâque Cottæ sententiâ, dixit, sese otii
mei causâ, ut omni populari concitatione defun-
gerer, censere, ut ad senatûs auctoritatem, populi quoque Romani beneficium erga me adjun-
geretur. Quùm omnes certatim, aliusque alio gra-
viùs atque ornatiùs de meâ salute dixisset, fieret-
que sine ullâ varietate discessio, surrexit, ut scitis, Atilius hic Gavianus : nec ausus est, quùm
esset emptus, intercedere; noctem sibi ad delibe-
randum postulavit. Clamor senatûs, querclæ,
preces, socer ad pedes abjectus. Ille se affirmare,
postero die moram nullam esse facturum. Credi-
tum est; discessum est : illi intereà deliberatori
merces, longâ interpositâ nocte, duplicata est.
Consecuti dies pauci omninò Januario mense,
per quos senatum haberi liceret ; sed tamen actum
mihil, nisi de me.

*Enfin arrive le jour décisif. Fabricius occupe la
tribune. Il est attaqué par la nombreuse troupe
de Clodius. Cispius tribun est chassé. Fureur*

XXXV. Quùm omni morâ, ludificatione, ca-
lumniâ, senatûs auctoritas impediretur : venit tandem concilii de me agendi dies, viii kalend. Fe-
bruar. Princeps rogationis, vir mihi amicissimus,
Q. Fabricius, templum aliquantò ante lucem oc-
cupavit. Quietus eo die Sextius, is qui est de vi-
reus : actor hic, defensorque causæ meæ nihil
progreditur, consilia exspectat inimicorum meo-
ram. Quid illi, quorum consilio P. Sextius in judicium vocatur? quo se pacto gerunt? quùm fu-

elles pussent avoir une force légale : qu'il n'était donc pas nécessaire d'une loi pour moi, puisqu'aucune loi ne m'avait banni, mais de l'autorité seule du sénat.

75. Tout le monde s'accordait à dire que ces réflexions étaient très-justes et très-sensées. Cn. Pompée qui lui succéda, après avoir approuvé et loué l'opinion de Cotta, ajouta que, pour mon repos et afin de me mettre désormais à l'abri des émeutes populaires, il était d'avis d'associer le peuple Romain à ce bienfait, en réunissant son suffrage à l'autorité du sénat. Chacun à l'envi avait opiné pour mon salut dans les termes les plus forts et les plus honorables, et tous se rangeaient unanimement de l'avis de Pompée, lorsque Atilius Gavianus se leva, comme vous savez. Quoique vendu, il n'osa protester contre tous ; il demanda la nuit pour délibérer. Des cris, des plaintes, des prières s'élevèrent dans toute la salle, et son beau-père se jeta à ses pieds. Tout ce qu'on put arracher, c'est l'assurance que le lendemain il ne différerait plus de se rendre. On le crut, et l'assemblée se sépara ; mais son salaire doublé, dans l'intervalle de cette nuit, l'arrêta à son plan de délibérations. Tout le mois de janvier laissa peu de jours où le sénat pût tenir séance ; mais pourtant il ne fut question que de moi.

des assassins. Le frère de Cicéron leur échappe. Tableau du forum. Sextius est irréprochable.

XXXV. Délais de toute espèce, motifs illusoires, artifices, l'intrigue n'omit rien pour entraver l'autorité du sénat. Arrive enfin le jour décisif de ma séance : c'était le huitième des Calendes de février. Q. Fabricius, personnage distingué et mon meilleur ami, chargé de proposer la loi, s'empare de la tribune avant le lever du jour ; et Sextius, accusé aujourd'hui de violence, reste alors tranquille : Sextius, le défenseur ardent de ma cause, ne se montre pas, il attend quels peuvent être les projets de mes ennemis. Mais ceux qui sont les instigateurs de cette poursuite judiciaire, que font-ils ? quelle est leur conduite ? Pen-

rum, comitium, curiam multâ de nocte armatis
hominibus ac servis plerisque occupavissent, impetum faciunt in Fabricium, manus afferunt, oc-
cidunt nonnullos, vulnerant multos.

76. Venientem in forum, virum optimum et
constantissimum, M. Cispium, tribunum plebis,
vi depellunt : cædem in foro maximam faciunt,
universique, destrictis gladiis et cruentis in omnibus fori partibus, fratrem meum, virum optimum,
fortissimum, meîque amantissimum, oculis quæ-
rebant, voce poscebant; quorum ille telis libenter,
in tanto luctu ac desiderio meî, non repugnandi,
sed moriendi causâ, corpus obtulisset suum, nisi
'suam vitam ad spem mei reditûs reservâsset : subiit
tamen vim illam nefariam consceleratorum latro-
num; et, quùm ad fratris salutem à populo Romano
deprecandam venisset, pulsus è Rostris, in comi-
tio jacuit, seque servorum et libertorum corporibus obtexit, vitamque tùm suam noctis et fugæ
præsidio, non juris judiciorumque defendit. Meministis tùm, Judices, corporibus civium Tiberim
compleri, cloacas referciri, è foro spongiis ef-
fingi sanguinem, ut omnes tantam illam copiam,
et tàm magnificum apparatum, non privatum aut
plebeium, sed patricium [1] et prætorium esse arbitrarentur : nihilque neque ante hoc tempus, neque hoc ipso turbulentissimo die criminationis
esse in Sextium...

*Cicéron fait ressortir l'horreur de cette journée.
Une sédition si inopinée est inouie. Il bat ensuite Clodius par ses propres armes. Sextius*

XXXVI. Atqui vis in foro versata est. Certè :
quandò enim major ? lapidationes persæpè vidi-

---

[1] *Sed patricium*. Il désigne ici App. Pulcher qui
remplissait cette année la charge de préteur.

dant une grande partie de la nuit ils avaient fait occuper le forum, les comices, le sénat par des hommes
armés et surtout des esclaves; ils fondent sur Fabricius, en viennent aux mains avec ses gens dont il tuent
quelques-uns et blessent un plus grand nombre.

76. A son arrivée au forum, M. Cispius, tribun du
peuple, modèle de vertu et de constance, en est
chassé avec violence; ils font un horrible carnage,
et tous, le glaive à la main, couverts de sang et répandus dans tout le forum, cherchent des yeux, ré-
clament à grand cris mon frère, cet excellent et brave
citoyen, ce frère qui me chérit tant. Dans l'amertume
de sa douleur et de ses regrets, il se serait offert de
de lui-même à leurs traits, non pour les repousser,
mais pour mourir, si l'espérance de mon retour ne
l'avait encore fait tenir à la vie. Il brava pourtant la
fureur de ces brigands sanguinaires : il était venu in-
tercéder auprès du peuple Romain pour le salut de
son frère, lorsque, repoussé lui-même de la tribune,
il fut renversé dans la place des comices, se fit un
rempart des cadavres d'affranchis et d'esclaves; là,
ce fut à la faveur de la nuit et de la fuite, et non par
le secours des lois et des tribunaux, qu'il mit en sûreté
sa vie. Juges, vous vous souvenez qu'alors le lit du
Tibre fut comblé des cadavres des citoyens, que les
cloaques en régorgeaient, qu'on étanchait avec des
éponges le sang qui ruisselait dans le forum; et tout
le monde convenait que tant de force et de si grands
moyens n'étaient pas au pouvoir d'un simple particulier ou d'un plébéien, mais d'un patricien et d'un
prétorien; vous vous souvenez aussi qu'avant cette
époque, et au jour même de cet épouvantable boule-
versement, il n'y a rien à la charge de Sextius.

*ne pouvait-il pas avoir une garde pour sa dé-
fense, quand son ennemi entretenait une armée
pour commettre des atrocités.*

XXXVI. Mais la violence a exercé ses fureurs dans
le forum; oui, certes, et quand a-t-elle été plus loin?

mus : non ità sæpè, sed nimiùm tamen sæpè gladios : cædem vèrò tantam, tantos acervos corporum exstructos, nisi fortè illo Cinnano atque Octaviano die ¹, quis unquàm in foro vidit? quâ ex concertatione animorum? nam ex pertinaciâ aut constantiâ intercessoris oritur sæpè seditio, culpâ atque improbitate latoris, commodo aliquo imperitis, aut largitione propositâ : oritur ex concertatione magistratuum : oritur sensim ex clamore primùm, deindè aliquâ discessione concïonis : vix, serò, et rarò ad manus pervenitur : nullo verò verbo facto, nullâ concione advocatâ, nullâ lege recitatâ concitatam nocturnam seditionem quis audivit?

78. An verisimile est, ut civis Romanus, aut homo liber quisquam cum gladio in forum descenderit ante lucem, ne de me ferri pateretur, præter eos, qui ab illo pestifero ac perdito cive jàmpridem reipublicæ sanguine saginantur. Hîc jàm de ipso accusatore quæro, qui P. Sextium queritur cum multitudine in tribunatu et cum præsidio magno fuisse, num illo die fuerit. Certè, certè non fuit. Victa igitur est causa reipublicæ, et victa, non auspiciis, non intercessione, non suffragiis; sed vi, manu, ferro : nam, si obnuntiâsset Fabricio is prætor, qui se servâsse de cœlo dixerat, accepisset respublica plagam, sed eam, quam acceptam gemere posset. Si intercessisset collega Fabricio, læsisset rempublicam, sed rempublicam jure læsisset. Gladiatores tu novitios, pro exspectatâ ædili-

---

¹ *Cinnano atque Octaviano die.* Octavius et Cinna, à la tête de deux factions qui déchiraient Rome, en vinrent aux mains; selon Plutarque, il périt dix mille citoyens du coté de Cinna seulement. C'est de ces temps terribles que Montesquieu a dit : « Les assem-

Nous avons vu très-souvent voler les pierres ; plus rarement, hélas ! trop souvent encore, tirer les épées : mais vit-on jamais dans le forum un carnage si affreux ? vit-on des monceaux de cadavres entassés, si ce n'est peut-être aux jours de Cinna et d'Octavius ? D'où vient enfin cette rage qui a enflammé les cœurs ? Une sédition prend bien sa source dans l'opiniâtreté ou la fermeté de celui qui forme opposition à une loi ; dans le crime et la méchanceté de celui qui veut en faire passer une en corrompant le vulgaire ignorant par l'intérêt ou des largesses ; dans un conflit entre des magistrats ; dans quelques clameurs qui d'abord s'élèvent peu à peu du sein d'une assemblée (la discorde leur succède, et c'est très-rarement que long-temps après on en vient aux mains) : mais que, sans nulle harangue, sans convocation d'assemblée du peuple, sans lecture d'aucune loi, une sédition nocturne ait tout-à-coup éclaté, voilà qui est inouï.

78. Est-il vraisemblable qu'un citoyen Romain, un homme libre, soit descendu armé dans le forum avant le jour, pour mettre obstacle à la proposition d'une loi en ma faveur ? Qui l'a pu faire ? ces mercenaires seuls que cet exécrable scélérat engraisse depuis long-tems du sang de la république. L'accusateur se plaint de ce que Sextius, pendant son tribunat, avait toujours eu une multitude de gardes à sa discrétion ; je le demande à lui-même, en avait-il ce jour là ? non, non, certes, il n'en eut pas. Le parti de la république a donc succombé ; ce ne sont ni les auspices, ni les protestations d'un tribun, ni les suffrages qui l'ont fait céder ; la force, la violence, le fer l'ont accablé. Si le préteur avait arrêté Fabricius en lui signifiant qu'il avait observé dans le ciel des présages sinistres, il aurait porté un coup funeste à la république, mais elle aurait eu le pouvoir d'en gémir. Si encore un de ses collègues s'était opposé à Fabricius, il aurait blessé la république, du moins l'aurait-il fait d'une manière légale. Mais vous, vous lancez sur nous avant le jour même de jeunes gladiateurs achetés sous le prétexte

___

blées n'étaient plus que des conjurations ; et les émeutes populaires des guerres civiles. »

tate ¹ suppositos cum sicariis è carcere emissis ante
lucem immittas? magistratus templo dejicias? cædem maximam facias? forum purges? et, quùm
omnia vi et armis egeris, accuses eum, qui se præsidio munierit, non ut te oppugnaret, sed ut vitam
suam posset defendere?

*Sextius, fort de l'inviolabilité du tribunat, se
croyait à l'abri de toute violence. Il vaquait
sans escorte aux fonctions de sa charge, lors-*

XXXVII. Atqui ne ex eo quidem tempore id
egit Sextius, ut à suis munitus, tutò in foro tùm
magistratum gereret, rempublicam administraret.
Itaque fretus sanctitate tribunatûs ², quùm se non
modò contra vim et ferrum, sed etiam contra verba
atque interfationem legibus sacratis esse armatum
putaret; venit in templum Castoris; obnuntiavit
consuli : quùm subitò manus illa Clodiana, in cæde
civium sæpè jàm victrix, exclamat, incitatur, in-
vadit, inermem atque imparatum tribunum alii
gladiis adoriuntur, alii fragmentis septorum et fus-
tibus : à quibus hic, multis vulneribus acceptis,
ac debilitato corpore et contrucidato, se abjecit
exanimatus; neque ullâ aliâ re ab se mortem, nisi
opinione mortis, depulit. Quem quùm jacentem
et concisum plurimis vulneribus, extremo spiritu
exsanguem et confectum viderent; defatigatione
magis et errore, quàm misericordiâ et modo, aliquandò cædere destiterunt.

80. Et causam dicit Sextius de vi? quid ità?
quia vivit. At id non suâ culpâ : plaga una illa ex-
trema defuit; quæ si accessisset, reliquum spiri-

---

1 *Exspectatâ ædilitate.* L'édilité d'Appius Pulcher.
2 *Sanctitate tribunatûs.* L'inviolabilité de la personne

spécieux qu'on attendait l'édilité , et vous leur associez
les assassins que vous avez mis en liberté; vous précipitez
les magistrats de la tribune; vous vous souillez d'un carnage affreux , vous dévastez le forum en y égorgeant le
peuple ; et quand vous n'avez rien fait que par la force
et par les armes , vous accusez un homme qui s'est entouré de gardes, non pour menacer vos jours , mais
pour mettre en sûreté les siens ?

que ses ennemis fondent sur lui et le massa-
crent. Comment peut-on accuser de violence
la victime de la violence même?

XXXVII. Cependant ce ne fut pas même depuis
cette époque que Sextius résolut de se couvrir d'un
rempart de satellites, pour exercer alors en sûreté
dans le forum les fonctions de sa magistrature, et va-
quer à l'administration de la république. C'est pourquoi, comptant sur l'inviolabilité du tribunat, persuadé aussi que les lois sacrées étaient une arme de
défense suffisante non seulement contre la violence et
le poignard , mais même contre les injures et les inter-
ruptions ; il vient au temple de Castor et déclare aux
consuls l'opposition des auspices. Tout-à-coup cette
troupe de Clodius, si souvent victorieuse en se bai-
gnant dans le sang des citoyens, pousse des cris, se soulève, s'élance sur lui, et attaque à l'improviste ce
tribun sans armes, les uns avec des épées, d'autres
avec des fragmens de palissade et des bâtons. Criblé
de coups, épuisé, mourant, le sentiment l'abandonne ;
il tombe, et ne conserve un reste de vie que parce
qu'on le croit mort. Lorsqu'ils le voient étendu, couvert de blessures, baigné dans son sang et à son dernier soupir, ils cessent enfin de le frapper, plutôt par
lassitude et par erreur que par pitié et générosité.

80. Et c'est ce même Sextius qu'on accuse de violence? Pourquoi? parcequ'il respire encore. Mais ce
n'est pas sa faute, le dernier coup seul a manqué ; s'il

des tribuns était telle , qu'il n'était pas permis d'en
parler en mauvaise part.

tum exhausisset. Accusa Lentidium : non percus-
sit locum : maledicito Sabinio, homini Reatino,
cur tàm tempori exclamârit occisum : ipsum verò
quid accusas ? num defuit gladiis ? num repugna-
vit ? num, ut gladiatoribus imperari solet [1], ferrum non recepit ?

*Cicéron prouve que Sextius ne peut être attaqué
en cette circonstance. Le sénat ne doit pas être
indécis. Pour se décharger de l'accablante res-
ponsabilité de leur crime, les ennemis deSex-
tius complotent d'immoler leur Gracchus. Il*

XXXVIII. An hæc ipsa vis est, non posse
emori ? an illa, quòd tribunus [2] plebis templum
cruentavit ? an, quòd, quùm esset ablatus, primùm-
que resipîsset, non se referri jussit ? ubi est cri-
men, quod reprehenditis ? Hîc quæro, Judices,
si illo die gens ista Clodia, quod facere voluit,
effecisset ; si P. Sextius, qui pro occiso relictus
est, occisus esset : fuistisne ad arma ituri ? fuistisne vos ad patrium illum animum, majorumque
virtutem excitaturi ? fuistisne aliquandò rempublicam à funesto latrone repetituri ? an etiam tunc
quiesceretis, cunctaremini, timeretis, quùm rempublicam à facinorosissimis sicariis, et à servis esse
oppressam atque occupatam videretis ? Cujus igitur mortem ulcisceremini, si quidem liberi esse,
et habere rempublicam cogitaretis ; de ejus virtute
viri quid vos loqui, quid sentire, quid cogitare,
quid judicare oporteat, dubitandum putatis ?

82. At verò illi ipsi parricidæ, quorum effre-
natus furor alitur impunitate diuturnâ, adeò vim
facinoris sui perhorruerant, ut, si paulò longior
opinio mortis Sextii fuisset, Gracchum illum

---

[1] *Ut gladiatoribus imperari solet.* Quand uu gladiateur, dans l'arène, n'avait pas déployé au yeux du peu-

l'eût reçu, il eut exhalé son reste de vie. Accusez Lentulus; il n'a pas frappé à l'endroit mortel. Maudissez Sabi-
nius, ce vil Riétin, il s'est écrié trop tôt que Sextius
était tué. Mais de quoi accusez-vous Sextius lui-même ?
s'est-il dérobé aux poignards ? a-t-il résisté ? ne s'est-
il pas laissé percer comme un gladiateur, docile à l'ordre ordinaire du peuple ?

leur échappe. Par les honneurs qu'on aurait
sans doute rendus à Sextius mort pour sa patrie,
l'orateur mesure la reconnaissance qu'on lui
doit.

XXXVIII. Cette violence serait-elle de n'avoir pu
expirer ? d'avoir, lui tribun, rougi de son sang un
temple ? ou bien, revenu à lui-même, de ne s'être pas
fait reporter aussitôt au champ de carnage d'où on
l'avait enlevé ? Où donc est le crime que vous lui repro-
chez ? Je vous le demande, Juges, si cette troupe, digne de Clodius, avait alors consommé son forfait, si
Sextius, qu'ils laissèrent pour mort, avait été tué en
effet, auriez-vous volé aux armes ? auriez-vous senti
se ranimer en vous ce patriotisme, ce courage généreux
de nos ancêtres ? auriez-vous enfin arraché la république des mains de ce fatal brigand ? ou bien resteriez-
vous encore tranquilles, incertains, timides, quand
vous verriez la patrie subjuguée et opprimée par des
sicaires gangrenés de scélératesse et par des esclaves ?
Certes, vous vengeriez le meurtre d'un tel citoyen,
si vous tenez à sauver votre liberté et la république.
Pourriez-vous donc balancer sur ce que vous devez
dire, éprouver, penser et juger de sa conduite cou-
rageuse ?

82. Cependant ces parricides eux-mêmes, dont une
longue impunité nourrit la fureur effrénée, ont eu une
telle horreur de l'énormité de leur propre forfait,
que si l'opinion de la mort de Sextius se fût encore

ple assez d'intrépidité pour le contenter, on lui ordonnait d'offrir sa tête au coup mortel.

suum, transferendi in nos criminis causâ , occidere
cogitârint. Sensit rusticulus non incautus (neque
enim homines nequam tacere potuerunt) suum
sanguinem quæri ad restinguendam invidiam facinoris Clodiani ; mulionicam penulam arripuit,
cum quâ primùm Romam ad comitia venerat ; mes-
soriâ se corbe contexit : quùm quærerent alii **Numerium**, alii Quintium, gemini nominis errore
servatus est. Atque hoc scitis omnes , usque adeo
hominem in periculo fuisse , quoad scitum sit Sextium vivere : quod nisi esset patefactum paulò
citiùs, quàm vellem ; non illi quidem morte mer-
cenarii sui transferre potuissent invidiam in quos
putabant, sed acerbissimi sceleris infamiam grato
quodam scelere minuissent.

83. Ac, si tunc P. Sextius, Judices, in templo Castoris animam, quam vix retinuit, edidis-
set ; non dubito , quin , si modò esset in republicâ
senatus , si majestas populi Romani revixisset, aliquandò statua huic ob rempublicam interfecto in
foro statueretur. Nec verò illorum quisquam, quos
à majoribus nostris, morte obitâ, positos in illo
loco atque in Rostris collocatos videtis, esset P. Sextio aut acerbitate mortis, aut animo in rempublicam præponendus : qui quùm causam civis cala-
mitosi, causam amici, causam benè de republicâ
meriti, causam senatûs, causam Italiæ, causam
reipublicæ suscepisset ; quùmque auspiciis religio-
nique parens obnuntiaret, quod senserat ; luce palàm à nefariis pestibus in deorum hominumque
conspectu esset occisus, sanctissimo in templo,
sanctissimâ in causâ, sanctissimo in magistratu.
Ejus igitur vitam quisquam spoliandam ornamen-
tis esse dicet, cujus mortem ornandam monumento
sempiterno putaretis?

un peu prolongée, ils avaient projeté de tuer leur Gracchus', pour faire retomber sur nous l'odieux de cet attentat. Mais les méchans ne peuvent se taire, et le paysan cauteleux pressentit qu'on voulait éteindre dans son sang la haine du crime de Clodius! il endossa la casaque de muletier avec laquelle il était venu la première fois à Rome pour l'assemblée des comices; il se couvrit la tête d'une corbeille de moissonneur, et pendant que les uns cherchaient Numérius, les autres Quintius, il dut son salut à l'erreur causée par son double nom. Vous le savez tous, la vie de cet homme fut en danger tant que celle de Sextius laissa de l'incertitude. Si cette nouvelle n'avait été divulguée plus tôt que je ne voudrais, ils n'auraient pu rejeter sur nous l'odieux du meurtre de ce mercenaire, mais ils auraient atténué l'infamie et l'atrocité du premier crime par le bien qui résultait en quelque sorte du second.

83. Si alors Sextius eût perdu, dans le temple de Castor cette étincelle de vie qu'à peine il a conservée, je n'en doute pas, Juges, qu'il eût seulement existé un sénat dans la république, que la majesté du peuple romain eût recouvré sa puissance, et l'on aurait un jour élevé dans le Forum une statue à cette victime du patriotisme : bien plus, parmi ces immortels citoyens dont vous voyez les statues érigées par nos ancêtres décorer le Forum et couronner la tribune, aucun ne devrait avoir la prééminence sur Sextius, soit à cause de la cruauté de sa mort, soit à cause de son amour pour la patrie. Il défendait la cause d'un citoyen malheureux, d'un ami, d'un homme qui avait bien mérité de la patrie; il soutenait les droits du sénat, de l'Italie, de la république ; docile aux auspices et à la religion, il annonçait les signes qu'il avait aperçus ; et ce serait en ce moment solennel, en plein jour, publiquement, en présence des dieux et des hommes, que des monstres de méchanceté l'auraient égorgé, au mépris du temple le plus saint, de la cause la plus juste, de la magistrature la plus inviolable. Ah! qui oserait donc proposer de dépouiller de ses honneurs pendant sa vie, celui qui, par sa mort, aurait selon vous mérité un monument éternel ?

D'après ce qui lui était arrivé, peut-on faire un crime à Sextius de s'être muni d'une garde puissante ? d'ailleurs faisait-il de ses hommes armés le même usage que Clodius des siens ?

XXXIX. Homines, inquit, emisti, coëgisti, parâsti [1]. Quid uti faceret? senatum obsideret? cives indemnatos expelleret? bona diriperet? ædes incenderet? tecta disturbaret? templa deorum immortalium inflammaret? tribunos plebis ferro è Rostris expelleret? provincias, quas vellet, quibus vellet, venderet? reges appellaret? rerum capitalium condemnatos in liberas civitates per legatos nostros reduceret? principem civitatis ferro obsessum teneret? Hæc ut efficere posset, quæ fieri, nisi armis oppressâ republicâ, nullo modo poterant, idcircò, credo, manum sibi P. Sextius et copias comparavit.

85. At nondùm erat maturum; nondùm res ipsa ad ejusmodi præsidia viros bonos compellebat: pulsi nos eramus, non omninò istâ manu solâ, sed tamen non sine istâ; vos taciti mœrebatis. Captum erat forum anno superiore, æde Castoris, tanquàm arce aliquâ, à fugitivis occupatâ; silebatur: omnia hominum, quùm egestate, tum audaciâ perditorum, clamore, concursu, vi, manu gerebantur; perferebatis: magistratus templis pellebantur; alii omninò aditu ac foro prohibebantur; nemo resistebat: gladiatores ex prætoris comitatu comprehensi, in senatum introducti, confessi, in vincula conjecti à Milone, emissi à Serrano; mentio nulla: forum corporibus civium Ro-

---

1 *Homines, inquit,... parâsti.* L'orateur ne pouvant disculper son client de cette accusation, se retranche sur la nécessité d'opposer la force à la violence.

Cicéron, exposant les actes de violence de la faction Clodienne et leur impunité, fait voir que tout autorisait la mesure de sûreté de Sextius.

XXXIX. Il a, dit l'accusateur, acheté, rassemblé, armé des hommes. Dans quelle intention? était-ce pour assiéger le sénat, bannir les citoyens sans condamnation, piller les biens, incendier les maisons, bouleverser les édifices, embrâser les temples des dieux, chasser à main armée les tribuns du peuple de la tribune, vendre les provinces selon ses caprices, nommer les rois, ramener par nos lieutenans dans les villes libres les condamnés pour crime capital, tenir assiégé dans sa maison le premier des citoyens, en le menaçant du poignard? c'était là sans doute le but de Sextius, et il leva des troupes, se composa une garde afin de mettre facilement à exécution des résolutions qui ne sont possibles que dans une république opprimée par les armes.

85. Le temps n'en était pas encore venu; et les conjonctures elles-mêmes ne réduisaient pas les bons citoyens à ces extrémités : chassé de Rome, si je n'étais pas redevable de mon bannissement à la troupe de Clodius seule, elle y avait bien coopéré; alors vous dissimuliez votre douleur. L'année précédente on avait envahi le Forum, et des transfuges s'étaient retranchés dans le temple de Castor, comme dans une citadelle; on gardait un morne silence : des hommes qu'une extrême misère ou la dernière impudence avaient plongés dans le désespoir, réglaient tout par leurs clameurs, leurs rassemblemens, la violence et les armes; vous le supportiez : les magistrats étaient chassés de la tribune; les autres citoyens étaient exclus du Forum; personne ne résistait : des gladiateurs de l'escorte du préteur avaient été arrêtés, amenés devant le sénat, contraints de faire l'aveu de leur crime, jetés dans les fers par Milon et délivrés par Serranus; il n'était mention d'aucune plainte : le Forum avait été jonché des cadavres de citoyens

manorum constratum cæde nocturnâ; non modò
nulla nova quæstio, sed etiam vetera judicia su-
blata : tribunum plebis plus viginti vulneribus
acceptis jacentem moribundumque vidistis; alterius tribuni plebis, divini hominis (dicam enim
quod sentio, et quod mecum sentiunt omnes) divini, insigni quâdam, inauditâ, novâ magnitudine animi, gravitate, fide prædite, domus est op-
pugnata ferro, facibus, exercitu Clodiano.

Éloge de Milon. Sa conduite sage. Son tribunat
exemplaire. Inconséquence des accusateurs de
Sextius. Efforts de Milon pour rendre Cicéron

XL. Et tu hoc loco laudas Milonem,'et jure
laudas : quem enim unquàm virum tàm immortali
virtute vidimus? qui, nullo præmio proposito, præter hoc, quod jàm contritum et contemptum pu-
tatur, judicium bonorum, omnia pericula, sum-
mos labores, gravissimas contentiones, inimicitias-
que suscepit? qui, mihi unus ex omnibus civibus
videtur re docuisse, non verbis, quid oporteret
à præstantissimis viris in republicâ fieri, et quid
necesse esset : oportere hominum audacium, ever-
sorum reipublicæ sceleribus, legibus et judiciis
resistere : si leges non valerent, judicia non essent,
si respublica vi consensuque audacium, armis op-
pressa teneretur; præsidio et copiis defendi vitam
et libertatem necesse esse. Hoc sentire, prudentiæ
est; facere, fortitudinis : sentire verò et facere,
perfectæ cumulatæque virtutis.

87. Adiit ad rempublicam tribunus plebis,
Milo : de cujus laude plura dicam, non quò aut
ipse hæc dici, quàm existimari malit, aut ego
hunc laudis fructum præsenti libenter impertiam,

Romains massacrés pendant la nuit ; loin de procéder à une nouvelle enquête, le glaive des anciens tribunaux même avait été brisé. Vous avez vu un tribun du peuple sillonné de plus de vingt blessures, laissé pour mort sur la place ; un autre tribun, un mortel du sang des dieux, je ne suis ici que l'interprète de mon cœur et l'organe du sentiment unanime de tous les citoyens, oui, un mortel du sang des dieux, d'une grandeur d'âme merveilleuse, d'une noblesse de caractère sans modèle, d'une vertu admirable, a été forcé dans sa maison de repousser les armes et les torches de l'armée de Clodius.

à sa patrie ; ce qui seul l'a empêché de réussir.
Mobiles honorables des actions de ce héros.

XL. C'est à cette occasion que vous faites l'éloge de la conduite de Milon ; et cet éloge est bien mérité. Dans quel citoyen en effet avons-nous jamais vu briller une vertu plus digne de l'immortalité ? Milon, sans se proposer d'autre récompense que l'estime des gens de bien, trésor aujourd'hui avili et foulé aux pieds, a embrassé tous les dangers et les plus grands travaux, s'est attiré les querelles et les inimitiés les plus formidables. Aussi est-ce le seul de tous les citoyens qui me paraisse avoir enseigné, par le résultat et non par des discours, la tâche que le devoir et la nécessité imposent aux grands hommes pour leur patrie : qu'à la scélératesse des audacieux, destructeurs de la république, ils doivent opposer les lois et le glaive de Thémis ; que si les lois sont impuissantes, que si les tribunaux sont anéantis, si la patrie, chargée de fers par la violence d'une ligue audacieuse, gémit sous le couteau, la force armée est alors de toute nécessité pour défendre sa vie et sa liberté. Penser ainsi, est d'un sage ; agir ainsi, est d'un brave ; mais réunir cette sagesse et ce courage, c'est le chef-d'œuvre, c'est le sublime héroïsme de la vertu.

87. Milon entra dans l'administration en devenant tribun du peuple : je citerai plusieurs de ses belles actions ; ce n'est pas qu'il préfère la louange à l'estime, ni que je profite de sa présence pour lui payer un tri-

præsertim quàm verbis consequi non possim : sed
quòd existimo, si Milonis causam accusatoris
voce collaudatam probâro, vos in hoc crimine
parem Sextii causam existimaturos. Adiit igitur
T. Annius ad causam reipublicæ, sic ut civem
patriæ recuperare vellet ereptum : simplex causa,
constans ratio, plena consensionis omnium, plena
concordiæ : collegas adjutores habebat: consulis
alterius [1] summum studium, alterius animus [2] penè
placatus : de prætoribus unus alienus [3] : senatûs
incredibilis voluntas : equitum Romanorum animi
ad causam excitati, erecta Italia : duo [4] soli erant
empti ad impediendum ; qui si homines despecti
et contempti, tantam rem sustinere non potuissent, se causam, quam susceperat, nullo labore
peracturum videbat : agebat auctoritate, agebat
consilio, agebat per summum ordinem, agebat
exemplo bonorum et fortium civium : quid republicâ, quid se dignum esset, quis ipse esset, quid
sperare, quid majoribus suis reddere deberet, di-
ligentissimè cogitârat.

*Moyens d'attaque de Clodius contre un homme
comme Milon. Ses vexations, ses violences.
Modération de ce dernier. Son recours à la pro-*

XLI. Huic gravitati hominis videbat ille gla-
diator se, si moribus [5] ageret, parem esse non
posse : ad ferrum, ad faces, ad quotidianam cædem,
incendia, rapinas, se cum exercitu suo contulit :
domum oppugnare, itineribus occurrere, vi la-
cessere et terrere cœpit. Non movit hominem summâ gravitate, summâque constantiâ : sed quanquam dolor animi, innata libertas, prompta excel-

---

1 *Alterius*, de P. Lentulus ;
2 *Alterius animus*, de Q. Métellus.
3 *Unus alienus*. Pub. App. Clodius Pulcher.

but d'éloges, sentant bien que je ne pourrais le réaliser
par mes expressions : mais , quand j'aurai fourni mes
preuves, vous jugerez, j'en suis persuadé, que l'accusateur fait un crime à Sextius de ce qu'il a loué de
vive voix dans Milon. Dès son entrée dans les affaires
publiques, T. Annius voulut rendre à la patrie un citoyen qu'on lui avait arraché. C'était son unique but ;
il y marchait avec constance , fort du consentement et
du concours unanimes de tout le monde. Ses collègues
le secondaient. L'un des consuls était enflammé de
zèle ; le ressentiment de l'autre était presque éteint. Un
seul des préteurs était contraire ; les chevaliers romains
s'intéressaient vivement à cette cause ; l'Italie en suspens
attendait : deux hommes seuls s'étaient vendus, pour
s'opposer à la volonté universelle ; si ces hommes ab-
jects et méprisés, n'avaient pu soutenir un rôle si funeste, Milon voyait que son entreprise serait sans peine
couronnée du succès. Il agissait d'après l'autorité de sa
charge , la volonté des suffrages, la puissance du premier ordre , et l'exemple de tous les citoyens vertueux
et intrépides ; ce qui était digne de la république et de
lui-même, qui il était, les espérances qu'il devait fon-
der , et ce qu'attendaient de lui ses ancêtres : voilà les
sujets de ses mûres réflexions.

*tection des lois. Clodius au désespoir est encore
sauvé par des magistrats subornés. Ressource
de Milon. Sa conduite toujours énergique.*

XLI. A l'ascendant d'un tel homme , le gladiateur
vit bien qu'avec des moyens légitimes il ne pourrait
disputer le terrain : il eut donc , à la tête de son armée,
recours au fer, aux torches, aux meurtres multipliés,
aux incendies et aux rapines : il se mit donc à assaillir
Milon dans sa maison, à s'opposer à son passage , à le
provoquer par de terribles menaces et des violences.
Milon, imperturbable, conserva sa gravité et sa constance : quoique l'indignation , le sentiment inné de la li-

---

4 *Duo.* Numérius et Serranus.
5 *Si moribus.* Les moyens consacrés par les lois et
usages anciens.

* 5

lénsque virtus, fortissimum virum hortabàntur, vi
vim oblatam, præsertim sæpiùs, ut frangeret et re-
futaret : tanta moderatio fuit hominis, tantum consilium, ut contineret dolorem, neque eâdem se re
ulcisceretur, quâ esset lacessitus : sed illum tot
jàm funeribus reipublicæ exsultantem ac tripu-
diantem, legum, si posset, laqueis constringeret.

89. Descendit ad accusandum (quis unquàm
tàm propriè reipublicæ causâ?) nullis inimicitiis,
nullis præmiis, nullâ hominum postulatione, aut
etiam opinione, id unquàm esse facturum : fracti
erant animi hominis : hoc enim accusante, pristini
illius ¹ sui judicii turpitudinem desperabat. Ecce
tibi consul ², prætor, tribunus plebis, nova novi
generis edicta proponunt : Ne reus adsit, ne cite-
tur, ne quæratur, ne mentionem omninò cuiquam
judicum aut judiciorum facere liceat. Quid ageret
vir ad virtutem, dignitatem, gloriam natus, vi
sceleratorum hominum corroboratâ, legibus, judiciisque sublatis? cervices tribunus plebis privato, præstantissimus vir profligatissimo homini
daret? an causam susceptam affligeret? an se domi
contineret? Et vinci turpe putavit, et deterreri :
etiam è republicâ credidit, ut, quoniam sibi in illum
legibus uti non liceret, illius vim neque in suo,
neque in reipublicæ periculo pertimesceret.

Les accusateurs de Sextius, en louant Milon,
fournissent à Cicéron un argument sans réplique.
Digression éloquente sur la formation des

XLII. Quomodò igitur hoc in genere præsidii
comparati accusas Sextium, quùm idem laudes

---

1 *Pristini illius.* Clodius, en corrompant ses juges,
avait été indignement absous du crime de profanation.

berté, un courage bouillant et invincible excitassent cet
homme magnanime à briser et à repousser par la force
cette violence dirigée contre lui ; sa modération, sa
prudence furent si grandes, qu'il étouffa sa colère et ne
vengea pas ses injures par le même moyen qu'on l'en
accablait. Il tâcha seulement d'asservir au frein des
lois ce monstre qui s'enorgueillissait et manifestait
une joie folle d'avoir couvert de deuil la république.

89. Il s'abaissa donc à l'accuser. Qui jamais, sourd
à la haine et à l'intérêt, sans être sollicité, sans qu'on
s'y attendît, et par le seul amour du bien public, aurait
ôsé se charger d'une telle démarche ? Clodius en fut
consterné ; avec un tel accusateur il désespérait de renouveler le scandale de son ancien jugement. Mais voici
qu'un consul, un préteur, et un tribun du peuple pro-
posent des décrets tout-à-fait inouïs : ils défendent que
l'accusé comparaisse, qu'il soit cité, qu'on informe contre lui, et que personne ne fasse mention de juges ou de
jugemens. Que pouvait faire un homme naturellement
vertueux, plein d'honneur et passionné pour la gloire,
en voyant les scélérats si bien soutenus et les lois ainsi
que les tribunaux anéantis ? Un tribun du peuple de-
vait-il tendre la gorge à un simple particulier, un personnage si distingué, à l'homme le plus corrompu ? de-
vait-il ruiner la cause qu'il avait embrassée, ou se ren-
fermer chez lui ? Être vaincu, se désister par crainte :
il le jugea également honteux. Il crut donc, puisque
la ressource des lois lui était interdite contre Clodius,
que la république était intéressée à ce qu'il n'eût plus
à redouter la violence de ce furibond ni pour lui-même,
ni pour elle.

*hommes en société. Du droit et de la force.
Sextius, ainsi que Milon, a légitimement repoussé la force par la force.*

XLII. Pourquoi donc accusez-vous Sextius de s'être
composé une garde, puisque vous louez la même mesure

---

a *Consul.* Le consul Métellus, parent de Clodius ;
le préteur Clodius, son frère ; le tribun Serranus.

Milonem? an, qui suâ tecta defendit; qui ab aris,
focis, ferrum flammamque depellit ; qui sibi licere
vult tutò esse in foro, in templo, in curiâ ; jure
vitæ præsidium comparat? qui vulneribus, quæ
cernit quotidiè toto corpore, movetur, ut aliquo
præsidio caput et cervices, et jugulum ac latera
tuletur, hunc de vi accusandum putas?

91. Quis enim vestrûm, Judices, ignorat, ità
naturam rerum tulisse, ut quodam tempore homines, nondùm neque naturali, neque civili jure
descripto, fusi per agros ac dispersi vagarentur, tan-
tùmque haberent, quantùm manu ac viribus per
cædem ac vulnera aut eripere, aut retinere potuissent? Qui igitur primi virtute et consilio præs-
tanti exstiterunt, ii perspecto genere humanæ doci-
litatis atque ingenii, dissipatos unum in locum
congregârunt, eosque ex feritate illâ ad justitiam
atque mansuetudinem transduxerunt. Tùm res ad
communem utilitatem, quas publicas appellàmus,
tùm conventicula hominum, quæ postea civitates
nominatæ sunt, tùm domicilia conjuncta, quas urbes dicimus, invento et divino et humano jure,
mœnibus sepserunt.

92. Atque inter hanc vitam perpolitam humani-
tate, et illam immanem nihil tàm interest, quàm
jus atque vis : horum utro uti nolimus, altero est
utendum. Vim volumus exstingui? jus valeat necesse est, id est judicia, quibus omne jus contine-
tur. Judicia displicent, aut nulla sunt? vis domine-
tur necesse est. Hæc vident omnes : Milo et vidit,
et fecit ut jus experiretur, vim depelleret : altero
uti voluit, ut virtus audaciam vinceret; altero usus
necessariò est, ne virtus ab audaciâ vinceretur.
Eademque ratio fuit P. Sextii, si minùs in accu-
sando (neque enim per omnes fuit idem necesse
fieri) at certè in necessitate defendendæ salutis

dans Milon? Un homme défend sa maison, repousse le fer
et la flamme de ses autels et de ses foyers, veut qu'on le
laisse en sûreté dans le Forum, à la tribune et dans
le sénat, il a raison de garantir ses jours : et celui qui,
frappé des blessures dont il voit chaque jour son
corps couvert, veut mettre à l'abri sa tête, sa gorge
et sa poitrine, vous pensez devoir l'accuser de violence?

91. Qui de vous ignore, Juges, que dans l'origine
des choses il se trouve une époque où les hommes,
avant l'établissement d'aucune loi naturelle ni sociale,
erraient répandus çà et là à travers les campagnes, et
n'avaient que ce qu'ils avaient pu arracher ou rete-
nir par la force et la violence, au prix du sang et du
meurtre? Ceux qui s'élevèrent au-dessus du commun
de leurs semblables par la force de la raison et du génie, ayant discerné dans leur aptitude naturelle une
source de perfection morale, rassemblèrent les hommes
et les firent passer de leur férocité habituelle à l'amour
de la justice et de l'humanité. Alors naquit l'idée du
bien commun appelé chose publique : alors ces réu-
nions d'hommes qu'on nomma depuis états; le droit
humain et le droit divin étant imaginés, alors ces habi-
tations contigues dénommées villes, furent entourées
de murailles.

92. Or, entre cette civilisation sociale et la vie sau-
vage, il n'existe pas de plus grande distinction que le
droit de la force. Ne voulons-nous pas de l'un, il faut
adopter l'autre : pas d'intermédiaire. Voulons-nous
étouffer la violence? il est nécessaire que le droit
prévale, c'est-à-dire, les jugemens qui en sont l'essence. Les jugemens déplaisent-ils, ou bien sont-ils
annulés? la force dominera nécessairement. Chacun reconnaît ces vérités : Milon aussi, pénétré de
leur évidence, essaya le pouvoir du droit, pour repousser la force : il a voulu employer d'abord ce moyen,
afin que la vertu triomphât de l'audace; il a été ensuite
obligé de mettre en usage le second, afin que l'audace
ne triomphât pas de la vertu. La conduite de Sextius
fut la même, excepté pourtant l'accusation. Eh! quoi?
tous les citoyens étaient-ils tenus à être ses accusateurs? mais un fait certain, c'est qu'il a été forcé,

suæ, præsidioque contra vim et manum compa-
rando.

*Cicéron déplore le sort de la république que per-
sonne n'osera plus défendre, quand on verra
des monstres tels que Gabinius et Pison s'a-*

XLIII. O dii immortales! quemnam ostenditis
exitum nobis? quam spem reipublicæ datis? quo-
tusquisque invenietur tantâ virtute vir, qui opti-
mam quamque causam reipublicæ amplectatur?
qui bonis viris deserviat? qui solidam laudem ve-
ramque quærat? quùm sciat, duo illa reipublicæ
penè fata, Gabinium et Pisonem, alterum haurire
quotidiè ex pacatissimis atque opulentissimis Sy-
riæ gazis innumerabile pondus auri? bellum inferre
quiescentibus, ut eorum veteres illibatasque divi-
tias in profundissimum libidinum suarum gurgi-
tem profundat? villam [1] ædificare in oculis omnium
tantam, tugurium ut jàm videatur esse illa villa,
quam ipse tribunus plebis pictam olim in concionibus explicabat, quò fortissimum ac summum civem in invidiam homo castus ac non cupidus
vocaret.

94. Alterum Thracibus ac Dardanis primùm
pacem maximâ pecuniâ vendidisse? deindè, ut illi
pecuniam conficere possent, vexandam his Macedoniam et spoliandam tradidisse? eumdemque bona
creditorum, civium Romanorum, cum debitori-
bus Græcis divisisse? cogere pecunias maximas à
Dyrrachinis, spoliare Thessalos, certam Achæis
in annos singulos pecuniam imperavisse: neque

---

1 *Villam.* Le tribun du peuple Gabinius, pour faire
sa cour à Pompée, cherchait à rendre suspect Lucullus.
Pour cela, il exposa aux yeux de la multitude le plan
d'une superbe maison de campagne que ce héros faisait bâtir, et insinua que c'était du produit des dé-

ainsi que Milon, de défendre sa vie et de se prémunir
d'une garde contre la force et la violence.

oharner impunément à la ruine des bons citoyens
et jouir du fruit de leurs méfaits, dont il fait à
cette occasion le tableau.

XLIII. O dieux immortels! quel destin nous annon-
cez-vous? quelle espérance donnez-vous à la république? où trouver désormais un citoyen assez magnanime
pour embrasser le parti de l'état, même dans la cause
la plus juste? qui osera servir les bons citoyens, et rechercher une gloire solide et véritable? quand on con-
naîtra les infamies de ces deux mauvais génies de la
république, Gabinius et Pison; quand on saura que
l'un tire chaque jour de la plus paisible et de la plus
opulente de nos provinces, la Syrie, des masses d'or
énormes; qu'il fait la guerre à des peuples tranquilles,
pour amonceler dans le gouffre insatiable de ses débauches leurs antiques trésors jusqu'alors respectés;
qu'il construit aux yeux de tout le monde une maison
de campagne si considérable, qu'on ne voit plus qu'une
chaumière dans celle dont il étalait le plan au sein des
assemblées du peuple, pendant son tribunat, afin de
rendre odieux le plus grand, le plus brave des citoyens:
et il se pique d'intégrité et de désintéressement!

94. Que l'autre d'abord a vendu, pour une très-forte
somme, la paix aux Thraces et aux Dardaniens; qu'ensuite, afin de leur donner le moyen de lui payer cette
dette, il a livré la Macédoine à leurs ravages; qu'il a
aussi partagé avec leurs débiteurs Grecs les biens de
créanciers, citoyens Romains; qu'il écrase de contri-
butions exorbitantes les Dyrrachiens, pille les Thessa-
liens, a frappé d'un impôt annuel les Achéens, et n'a
pas laissé cependant une statue, un tableau, un orne-

pouilles de l'Asie dont il était alors gouverneur. Dans
la suite, on le vit lui-même tellement rabattre de son
désintéressement, qu'étant consul il réalisa assez de
fonds pour élever un palais plus magnifique encore
que celui de Lucullus.

tamen ullo in publico aut religioso loco, signum,
aut tabulam, aut ornamentum reliquisse? Hos sic
illudere, quibus omne supplicium atque omnis
jure optimo pœna debetur? reos esse hos duos,
quos videtis? Omitto jàm Numerium, Serranum,
Ælium, quisquilias seditionis Clodianæ : sed tamen hi quoque etiam nunc volitant, ut videtis ;
· nec, dùm vos de vobis aliquid timebitis, illi unquàm de se pertimescent.

*Voici le tour de Clodius qui a osé accuser Milon
de violence. Cicéron fait voir par une simple
esquisse de la conduite de l'accusateur, combien il est absurde à lui de citer en justice ceux*

XLIV. Nam quid ego de ædile ipso [1] loquar,
qui etiam diem dixit, et accusavit de vi Milonem?
neque hic tamen ullâ unquàm injuriâ adducetur,
ut eum tali virtute tantâque firmitate animi se in
rempublicam fuisse pœniteat : sed, qui hæc vident,
adolescentes, quònam suas mentes conferent ? Ille,
qui monumenta publica, qui ædes sacras, qui do-
mos inimicorum suorum oppugnavit, excidit,
incendit, qui stipatus semper sicariis, septus armatis, munitus indicibus fuit, quorum hodiè copia
redundat, qui et peregrinam manum facinoro-
sorum concitavit, et servos ad cædem idoneos
emit, et in tribunatu carcerem totum in forum
effudit, volitat ædilis ; accusat eum, qui aliquâ
ex parte ejus furorem exsultantem repressit : hic,
qui se est tutatus sic, ut in privatâ re deos penates
suos, in republicâ jura tribunatûs auspiciaque
defenderet, accusare eum moderatè, à quo ipse ne-

---

1 *ÆEdile ipso.* Comme tout citoyen revêtu d'un emploi public se trouvait dispensé de comparaître devant
les tribunaux, Clodius, au moyen de l'édilité, était à

ment dans aucun lieu public ou religieux ? Quand on
verra se jouer impunément de l'honneur et de la justice
ceux qui méritent, avec le meilleur droit du monde,
toute espèce de châtiment et de supplice ? quand on
verra enfin sous le poids de leur accusation deux honorables citoyens ? Je passe sur Numérius, Serranus et
Elius, la fange de la faction Clodienne : cependant
vous les voyez lever la tête avec impudence ; et tant que
vous craindrez quelque chose pour vous, ils ne redou-
teront rien pour eux-mêmes.

qui réprimaient ses fureurs ; puis il ranime
l'attention de son auditoire en l'intéressant à
sa réfutation.

XLIV. Que dirai-je de l'édile qui a osé assigner Milon et l'a accusé de violence ? aucun outrage pourtant
ne le forcera à se repentir de son courage et de sa
fermeté d'âme pour l'intérêt de la république : mais
les jeunes-gens, témoins de ces crimes, sur quoi por-
teront-ils leurs pensées ? Un homme qui a attaqué, détruit, embrâsé les monumens publics, les édifices sacrés, les maisons de ses ennemis ; qui fut toujours es-
corté de sicaires, entouré d'hommes armés et muni
de perfides délateurs, dont le nombre aujourd'hui est
incalculable ; qui a lancé sur nous une bande de scélérats étrangers, acheté des esclaves dressés au meurtre, et versé dans tout le Forum la lie des prisons, se
pavane partout de l'édilité ; il accuse celui qui de temps
en temps a mis un frein à sa fureur désordonnée : et
celui qui, tout en se garantissant, s'est efforcé de protéger ses pénates, comme simple particulier, ainsi
que les droits du tribunat et la religion des auspices ;
comme citoyen, a vu rejeter, par l'autorité du sénat,

l'abri des poursuites de Milon. Non content de cela, il
s'empresse d'accuser Milon de son même crime. A la seconde audience il se livra un combat où Clodius eut le
désavantage. On ne sait quel fut le résultat décisif de
cette affaire.

fariè accusatur, per senatûs auctoritatem non est situs.

96. Nimirùm hoc illud est, quod de me potissimùm tu in accusatione quæsìsti, quæ esset nostra natio [1] optimatium : sic enim dixisti. Rem quæris præclaram juventuti ad discendum, nec mihi difficilem ad perdocendum : de quâ pauca, Judices, dicam; et, ut arbitror, nec ab utilitate eorum, qui audient, nec ab officio nostro, nec ab ipsâ causâ P. Sextii abhorrebit oratio mea.

Distinction des administrateurs en populaires et en aristocrates. Enumération générale des ci-

XLV. Duo genera semper in hâc civitate fuerunt eorum, qui versari in republicâ, atque in eâ se excellentiùs gerere studuerunt; quibus ex generibus alteri se populares, alteri optimates et haberi et esse voluerunt. Qui ea, quæ faciebant, quæque dicebant, multitudini jucunda esse volebant, populares : qui autem itâ se gerebant, ut sua consilia optimo cuique probarent, optimates habebantur. Quis ergò iste optimus quisque ? de numero si quæris, innumerabiles : neque enim aliter stare possemus. Sunt principes consilii publici : sunt, qui eorum sectam sequuntur : sunt maximorum ordinum homines, quibus patet curia [2] : sunt municipales, rusticique Romani : sunt negotia gerentes : sunt etiam libertini optimates. Numerus, ut dixi, hujus generis latè et variè diffusus est : sed genus universum (ut tollatur error) brevì circumscribi et definiri potest. Omnes optimates sunt, qui ne-

---

1 *Nostra natio.* J'ai rendu *natio* par coterie ; je n'ai trouvé que ce mot pour exprimer le même renfermé dans l'expression latine.

une accusation légitime et modérée contre celui qui l'accuse contre toute justice.

96. Voilà sans doute lo motif peremptoire qui vous a fait me demander dans votre accusation : quelle est donc la coterie d'honnêtes gens qui vous favorise ? telles sont vos propres paroles. Ma réponse à votre question va servir à l'instruction de la jeunesse : cette leçon excellente ne me sera pas difficile, et surtout, Juges, je n'abuserai pas de votre attention ; au reste, j'en suis persuadé, ma digression ne sera pas sans utilité pour mon auditoire, ni étrangère à mon devoir, ni disparate dans la cause même de P. Sextius.

toyens honnêtes. Leur portrait. Rang d'un magistrat juste. But d'un bon administrateur.

XLV. De tout temps ceux qui ont cherché à entrer dans la carrière administrative et à s'y distinguer avec éclat, ont formé deux castes ; les uns voulaient être populaires et passer pour tels ; les autres, aristocrates. Ceux qui ne parlaient et n'agissaient que pour flat l'esprit de la multitude, acquéraient une réputation popularité ; les seconds, qui n'avaient d'autre but da leur conduite que l'approbation des citoyens honnê étaient rangés dans l'autre caste. Et quels sont donc ces citoyens honnêtes ? Demandez-vous leur nombre ? ils sont innombrables : autrement nous ne pourrions résister. Ce sont les chefs du conseil public et leurs affi dés ; ce sont les citoyens les plus illustres à qui le sénat est ouvert ; ce sont les Romains retirés dans les villes municipales et dans leurs domaines ; ce sont les négocians et mêmes des fils d'affranchis. Je le répète, cette caste étend sur toutes les conditions ses nombreuses ramifications : mais, pour prévenir toute erreur, on peut en deux mots définir et faire le portrait de tous ceux qui la composent. J'appelle gens de bien tous ceux qui

2 *Quibus patet curia.* N'étaient sénateurs que ceux qui ne sortaient pas d'affranchis, qui étaient riches à 800,000 sesterces, et qui avaient exercé des charges curules.

que nocentes sunt, nec naturâ improbi, nec fu-
riosi, nec malis domesticis impediti. Esto igitur,
ut hi sint optimates (quam tu nationem appellâsti)
quiqui integri sunt, et sani, et benè de rebus domesticis constituti : horum qui voluntati, commodis, opinioni in gubernandâ republicâ ser-
viunt, defensores optimatium, ipsique optimates
gravissimi et clarissimi cives numerantur, et principes civitatis.

98. Quid est igitur propositum his reipublicæ
gubernatoribus, quod intueri, et quò cursum suum
dirigere debeant ? id quod est præstantissimum,
maximéque optabile omnibus sanis, et bonis, et
beatis, cum dignitate otium. Hoc qui volunt, omnes optimates : qui efficiunt, summi viri et conservatores civitatis putantur : neque enim rerum ge-
rendarum dignitate homines efferri ità convenit,
otio non prospiciant; neque ullum amplexari
otium, quod abhorreat à dignitate.

D'où dépénd le repos et la gloire de tout admi-
nistrateur. Quelles vertus doivent briller en
lui. Ecueils dont sa route est hérissée. Science

XLVI. Hujus autem otiosæ dignitatis hæc fundamenta sunt, hæc membra, quæ tuenda principibus, et vel capitis periculo defendenda sunt; reli-
giones, auspicia, potestates magistratuum, senatûs
auctoritas, leges, mos majorum, judicia, jurisdic-
tio, fides, provinciæ, socii, imperii laus, res mi-
litaris, ærarium. Harum rerum tot atque tanta-
rum esse defensorem et patronum magni animi
est, magni ingenii, magnæque constantiæ. Etenim
in tanto civium numero magna multitudo est eorum, qui aut propter metum pœnæ, peccatorum
suorum conscii, novos motus conversionesque rei-

ne nuisent à personne, qui n'ont pas un naturel méchant, ne sont pas forcenés, ni embarrassés dans leurs affaires domestiques. En conséquence accordons-nous à dire que cette caste, puisque c'est le nom que vous lui donnez, ne renferme que des hommes intègres, sensés et bien réglés dans leurs fortunes. Les administrateurs qui, dans l'exercice de leurs fonctions, ménagent la volonté, les intérêts et l'estime de cette classe, sont mis au nombre des protecteurs des honnêtes gens, sont eux-mêmes regardés comme honnêtes gens, et comptés parmi les citoyens les plus illustres et les plus respectables, parmi les princes de l'état.

98. Quel est le but que de tels administrateurs doivent toujours avoir devant les yeux ? où doivent tendre leurs travaux ? vers le bien suprême, vers le bien le plus désirable pour tous les hommes sensés, probes et comblés des faveurs de la fortune, le repos et l'honneur. Ceux qui veulent ce bien, sont les honnêtes gens; ceux qui le réalisent, sont décorés du titre de grands hommes, de protecteurs de l'état. En effet, l'honneur de la direction des affaires publiques ne doit pas les entraîner assez loin, pour leur faire perdre le repos ; mais aussi le repos où ils se plongent ne doit pas être incompatible avec l'honneur.

profonde qu'il lui faudra déployer pour ne pas échouer.

XLVI. Voici les élémens constitutifs de ce repos glorieux qu'il faut maintenir par les plus grands sacrifices et même défendre au péril de sa vie : la religion, les auspices, le pouvoir des magistrats, l'autorité du sénat, les lois, les usages de nos pères, les tribunaux, l'administration de la justice, le crédit public, les provinces, les alliés, la majesté éclatante de l'empire, la discipline militaire, et l'état florissant des finances. Pour être le défenseur et le gardien d'intérêts si grands et si multipliés, il faut de la magnanimité, la puissance du génie, et une constance inébranlable. En effet, dans un si grand nombre de citoyens il en est une foule qui, redoutant le juste châtiment dont les menace leur conscience coupable, cherchent, pour y échapper,

publicæ quærant; aut qui, propter insitum quem
dam animi furorem, discordiis civium ac sedition
pascantur; aut qui, propter implicationem rei fa
miliaris, communi incendio malint, quàm suo de
flagrare: qui quùm auctores sunt et duces suorur
studiorum vitiorumque nacti, in republicâ fluctu
excitantur; ut vigilandum sit iis, qui sibi guber
nacula patriæ depoposcerunt, enitendumque omn
scientiâ ac diligentiâ, ut conservatis his, quæ eg
paulò antè fundamenta ac membra esse dixi, tenere cursum possint, et capere otii illum portum
et dignitatis. Hanc ego viam, Judices, si aut as-
peram, aut arduam, aut plenam esse periculorum
aut insidiarum negem, mentiar; præsertim quùm
id non modò intellexerim semper, sed etiam præter cæteros senserim.

Contraste entre l'attaque fougueuse des citoyens
pervers et la molle défense des bons. Le petit
nombre des défenseurs de l'état résiste et se

XLVII. Majoribus præsidiis et copiis oppugna-
tur respublica, quàm defenditur, proptereà quòd
audaces homines et perditi nutu impelluntur; et
ipsi etiam sponte suâ contra rempublicam incitan-
tur: boni nescio quomodò tardiores sunt, et prin-
cipiis rerum neglectis, ad extremum ipsâ deniquè
necessitate excitantur: ità ut nonnunquàm cunc-
tatione ac tarditate, dùm otium volunt etiam sine
dignitate retinere, ipsi utrumque amittant.

101. Propugnatores autem reipublicæ qui esse
voluerunt, si leviores sunt, desciscunt; si timi-
diores, desunt. Permanent illi soli, atque omnia
reipublicæ causâ perferunt, qui sunt tales, qualis
pater tuus, M. Scaure, fuit, qui à C. Graccho
usque ad Q. Varium seditiosis omnibus ' restitit;

---

1 *Seditiosis omnibus.* Saturninus, Glaucias, Cépion.

à susciter de nouvelles révolutions ; d'autres, par une
sorte de rage naturelle, se repaissent des discordes et
des séditions qu'ils sèment parmi les citoyens ; d'autres enfin, dans le dédale inextricable de leurs affaires domestiques, aiment mieux être la proie d'un embrâsement général, que de s'ensevelir seulement sous
les ruines de leur fortune. Quand ils trouvent des chefs
capables de mettre à profit leurs passions et leurs vices, la tempête déchaîne toutes ses fureurs sur la république : alors ceux qui ont sollicité la conduite du
gouvernail de la patrie, doivent veiller et épuiser toute
leur science et toute leur diligence pour que, sauvant
de toute avarice ce que je viens d'appeler titres et élémens de leur gloire, ils puissent tenir leur course et
entrer dans le port du repos et de l'honneur. Vous nier,
Juges, que cette route soit difficile, escarpée, hérissée
de périls et d'écueils de toute espèce, serait mentir avec
d'autant plus d'impudence que la réflexion et l'expérience même m'en ont pénétré plus que personne.

*dévoue. Fermeté de Scaurus et de Q. Métellus,
tous deux proches parens du préteur présent à
la cause. Éloge de Catulus.*

XLVII. La république est attaquée avec plus de
force et de puissance qu'elle n'est défendue, parce que
les audacieux et les pervers se soulèvent à un signe ; que
dirai-je ? ils s'arment d'eux-mêmes contre la république : les bons citoyens, je ne sais comment, sont plus
lents à se déterminer ; ils négligent les principes, et ce
n'est qu'à la dernière extrémité que la nécessité les tire
de leur léthargie ; quelquefois aussi, par leur hésitation
et leur lenteur, pour vouloir conserver le repos, même
sans l'honneur, ils laissent aller l'un et l'autre.

101. Parmi ceux qui avaient voulu faire partie des
défenseurs de la république, les uns, trop frivoles, se dé-
sistent ; d'autres, trop timides, restent à l'écart. Ceux-là
seuls persévèrent et souffrent tout pour elle, qui ressem-
blent à votre père. M. Scaurus, lui qui, depuis C. Gracchus jusqu'à Q. Varius, a résisté à tous les séditieux ;

quem nulla unquàm vis, nullæ mínæ, nulla invidia labefecit : aut qualis Q. Metellus, patruu
matris tuæ; qui, quùm florentem hominem in populari ratione L. Saturninum censor notâsset
quùmque insitivum Gracchum¹ contra vim multitudinis incitatæ censu prohibuisset, quùmque in
eam legem², quam non jure rogatam judicârat,
jurare unùs noluisset, de civitate maluit, quàm de
sententiâ dimoveri : aut, ut vetera exempla, quorum est copia digna hujus imperii glóriâ, relinquam; neve eorum aliquem, qui vivunt, nomi-
nem; qualis nuper ³ Q. Catulus fuit : quem neque periculi tempestas, neque honoris aura potuit
unquàm de suo cursu, aut spe, aut metu dimo-
vere.

Exhortations à imiter l'héroïsme des grands ci-
toyens qu'il vient de citer. Sentences tirées du
poëte Accius. Les désirs du peuple en opposition

XLVIII. Hæc imitamini, per deos immortales!
qui dignitatem, qui laudem, qui gloriam quæri-
tis : hæc ampla sunt, hæc divina, hæc immortalia :
hæc famâ celebrantur, monumentis annalium man-
dantur, posteritati propagantur. Est labor, non
nego : pericula magna, fateor. *Multæ insidiæ* ⁴ *sunt*
bonis : verissimè dictum est. *Sed, te id, quod multi*
invideant, multique expetant, Inscitia sit, inquit,

---

1 *Insitivum Gracchum.* Un certain L. Équitius, se
donnant pour fils de Tib. Gracchus, voulait être inscrit
sur les rôles en cette qualité. Le censeur Métellus s'y
refusa avec fermeté. Le peuple, fou du nom de Gracchus,
s'emporta. Malgré le danger de sa vie, le censeur fut
inébranlable et remporta la victoire.

2 *Eam legem.* Saturninus avait proposé une loi
agraire où se trouvait une clause injurieuse à la majesté, à la liberté même du sénat. Métellus osa seul
s'opposer au triomphe du peuple. Il sortit de Rome et

lui que la violence, les menaces, les haines n'ont jamais pu ébranler : ou à Q. Métellus, oncle de ta mère,
ce héros qui nota pendant sa censure L. Saturninus,
homme resplendissant de faveur dans le parti populaire, qui, malgré la fureur de la multitude soulevée,
empêcha un usurpateur du nom de Gracchus de s'ins-
crire sous ce faux titre sur les rôles, et qui, ayant seul
refusé de prêter serment à une loi qu'il avait jugée illé-
gitime, aima mieux renoncer à sa patrie qu'à son opinion. Et, pour ne pas énumérer ces exemples anciens
dont le grand nombre est si digne de la gloire de cet
empire ; pour ne citer aussi aucun de ceux qui vivent
encore : tel se montra naguère Q. Catulus. La tempête
qui grondait sur lui, ni l'attrait puissant des honneurs,
n'ont pu faire dévier de ses principes cet homme inac-
cessible à l'espérance et à la crainte.

*avec l'utilité de la république. Diverses lois
combattues vivement par les nobles, et pourquoi.*

XLVIII. Imitez ces exemples généreux, je vous en
conjure par le grand Jupiter ! ô vous qui cherchez
l'honneur, la célébrité et la gloire ; voilà des actions
éclatantes, héroïques, immortelles, des actions que la
renommée proclame, que les annales consacrent dans
leurs monumens, que la postérité perpétue d'âge en
âge. Il faut essuyer pour elles bien des fatigues, je ne
le nie pas ; affronter de grands dangers, je l'avoue.
Mille piéges menacent les hommes vertueux, a dit
avec beaucoup de vérité un poète. Mais, ajoute-t-il,
c'est une sottise que de demander ce qui fait tant d'envieux, ce qui est l'objet de tant de brigues, si vous ne

---

y rentra l'année suivante, à la mort de Saturninus, son
ennemi.

3 *Nuper.* Q. Catulus, fils de celui qui fut consul
avec Marius, et mort immédiatement après le consulat
de Cicéron.

4 *Multæ insidiæ.* Accius, poète tragique, du temps
de Sylla.

*postulare, si tu laborem summá cum curá efferas
nullum.* Idem alio loco dixit, quod exciperent
improbi cives, *Oderint, dùm metuant.*

103. Præclara enim illa præcepta dederat juventuti : sed tamen hæc via, hæc ratio reipublicæ capessendæ, olim erat magis pertimescenda, quùm
multis in rebus multitudinis studium ad populi
commodum ab utilitate reipublicæ discrepabat.
Tabellaria lex [1] ab L. Cassio ferebatur : populus
libertatem agi putabat suam : dissentiebant principes, et in salute optimatium temeritatem multitudinis et tabellæ licentiam pertimescebant. Agrariam Tib. Gracchus legem [2] ferebat : grata erat
populo : fortunæ constitui tenuiorum videbantur :
nitebantur contrà optimates, quod eâ discordiam
excitari videbant; et, quùm locupletes possessioni-
bus diuturnis moverentur, spoliari rempublicam
propugnatoribus arbitrabantur. Frumentariam legem C. Gracchus ferebat : jucunda res plebi Ro-
manæ; victus enim suppeditabatur largè sine labore : repugnabant boni, quòd et ab industriâ plebem ad desidiam avocari putabant, et ærarium ex-
hauriri videbatur.

*La concorde règne parmi le peuple. Las des sé-
ditions, on ne te tire plus de son repos que par*

XLIX. Multa etiam, nostrâ memoriâ [3], quæ
consultò prætereo, fuerunt in eâ contentione, ut
popularis cupiditas à consilio principum disside-
ret. Nunc jàm nihil est, quòd populus à delectis
principibusque dissentiat; nec flagitat rem ullam,

---

1 *Tabellaria lex.* Les juges devaient tenir note, d'a-
près cette loi, des sentences qu'ils avaient jusqu'alors
rendues de vive-voix.

2 *Agrariam... legem.* Tout citoyen ne pouvait possé-

vous en montrez digne par des travaux pénibles et des
soins infinis. Le même poëte a dit ailleurs pour les méchans : qu'ils haïssent, pourvu qu'ils craignent.

103. Tels étaient les excellens préceptes qu'il donnait à la jeunesse : mais pourtant la carrière de l'administration était plus effrayante autrefois, lorsque dans
beaucoup d'affaires le vœu de la multitude et l'intérêt
du peuple se trouvaient en opposition avec l'utilité de
la république. Cassius proposait, par exemple, la loi
du scrutin : le peuple croyait qu'il s'agissait de sa liberté. Les premiers citoyens étaient contraires : ils re-
doutaient pour la vie des grands la fougue inconsidérée
de la multitude et les abus du scrutin. Tib. Gracchus
proposait aussi la loi agraire ; cette loi était agréable au
peuple ; elle semblait rétablir à jamais l'aisance chez
les plus pauvres gens ; les puissans s'efforçaient de s'y
opposer, parce qu'ils y voyaient un brandon inextin-
guible de discordes ; ils jugeaient d'ailleurs que dépos-
séder les riches de leurs anciennes propriétés, ce serait
dépouiller la république de ses défenseurs. C. Gracchus portait encore une loi pour la distribution du
blé à vil prix ; cette loi plaisait beaucoup à la populace :
des vivres lui étaient fournis en abondance sans travail : les bons citoyens la rejetaient, parce que selon
eux elle tuait l'industrie du peuple en lui inspirant le
goût de la paresse, et leur semblait en même temps
épuiser le trésor public.

*des largesses. Différence entre les factieux,
idoles du peuple, et leurs adversaires.*

XLIX. Il y eut encore de nos jours, dans les dis-
cussions de cette nature, maintes occasions où le désir
du peuple était en discordance avec la sagesse des chefs
de l'état. Maintenant il n'existe plus aucune cause de
dissension entre le peuple et ses magistrats délégués.
Le peuple ne réclame plus rien, et ne désire aucune
innovation ; il jouit de son repos, de la considération

---

der plus de 50 arpens de terre ; le surplus devait se
partager entre les pauvres.

3 *Nostrâ memoriâ.* Au temps de Marius et de Sylla.

neque novarum rerum est cupidus, et otio suo
et dignitate optimi cujusque, et universæ reipublicæ
gloriâ delectatur. Itaque homines seditiosi ac tur-
bulenti, quia nullâ jam largitione populum Romanum concitare possunt, quòd plebs perfuncta
gravissimis seditionibus ac discordiis, otium malle
videatur, conductas habent conciones; neque id
agunt, ut ea dicant, aut ferant, quæ illi velint
audire, qui in concione sunt; sed pretio ac mercede perficiunt, ut, quidquid dicant, id illi velle
audire videantur.

105. Num vos existimatis, Gracchos, aut Saturninum, aut quemquam illorum veterum, qui
populares habebantur, ullum unquàm in concione
habuisse conductum? nemo habuit : ipsa enim lar-
gitio, et spes commodi proposili, sine mercede ullâ
multitudinem concitabat. Itaque temporibus illis,
qui populares erant, offendebant illi quidem apud
graves et honestos homines; sed populi judiciis,
atque omni significatione florebant. His in theatro plaudebatur; hi suffragiis, quod contenderant,
consequebantur; horum homines nomen, orationem, vultum, incessum amabant. Qui autem ad-
versabantur ei generi, graves et magni homines habebantur; sed valebant in senatu multùm, apud bonos viros plurimùm : multitudini jucundi non
erant; suffragiis offendebatur sæpè, eorum voluntas : plausum verò etiam si quis eorum aliquandò
acceperat, ne quid peccâsset, pertimescebat. Attamen, si qua res erat major, idem ille populus horum auctoritate maximè commovebatur.

*Les citoyens n'ont plus qu'une même opinion,
qu'une même volonté sur les affaires de l'état.
Lentulus, Pompée et d'autres grands personnages ont été avidement écoutés par le peuple*

L. Nunc, nisi me fallit, in eo statu civitas est,
ut, si operas conductorum removeris, omnes idem

dévolue à tous les honnêtes gens, et de la gloire de la république entière. C'est pourquoi les esprits séditieux et turbulens ne pouvant plus soulever le ~~peuple~~ Romain par le charme des largesses, parce que la populace, délivrée enfin des séditions et des discordes les plus violentes, paraît préférer le repos, se sont composé des assemblées mercenaires. Leur but n'est pas de dire ou de proposer ce qui doit plaire à leur auditoire ; mais, en comblant la cupidité de ceux qui le forment, ils obtiennent d'eux que tout ce qu'ils disent, paraît être précisément ce qu'ils voulaient écouter.

105. Pensez-vous que les Gracques, Saturninus, ou aucun de ces anciens magistrats qui passaient pour populaires, eussent jamais eu un homme à leur solde ? non, aucun mercenaire. De grandes promesses et l'espoir des avantages qu'ils proposaient suffisaient seuls pour enflammer la multitude. Aussi, à cette époque, les hommes populaires venaient se briser contre la raison et la probité des citoyens sensés ; mais l'estime et la faveur signalée du peuple les rendait puissans. On leur applaudissait au théâtre : sûrs des suffrages, ils n'avaient qu'à briguer, pour obtenir : leurs noms, leurs discours, leur démarche, tout en eux était idolâtré ; leurs adversaires passaient pour des personnages respectables, pour de grands hommes ; mais, s'ils avaient beaucoup d'empire dans le sénat, et un très - grand parmi les honnêtes gens, ils n'étaient pas agréables à la multitude : souvent leur volonté échouait contre les suffrages ; et, si quelquefois un d'eux avait reçu des applaudissemens, il redoutait de les devoir à une faute. Cependant s'il s'agissait d'une affaire importante, leur autorité avait la plus grande influence sur ce même peuple.

Romain dans les discours qu'il firent pour le rappel de Cicéron. Comment fut reçu et jugé le discours de son ennemi dans une assemblée du peuple.

L. Aujourd'hui, si je ne m'abuse, d'après la disposition des esprits, excepté certains manœuvres stipendiés, tous les citoyens paraissent avoir la même opi-

de republicâ sensuri esse videantur. Etenim tribus locis significari maximè populi Romani judicium a voluntas potest, concione, comitiis, lu-
dorum gladiatorumque consessu. Quæ concio fuit
per hos annos, quæ quidem esset non conducta,
sed vera, in quâ populi Romani consensus perspici
posset? Habitæ sunt multæ de me à gladiatore sce-
leratissimo, ad quas nemo adibat incorruptus, nemo integer: nemo illum fœdum vultum adspicere,
nemo furialem vocem bonus audire poterat. Erant,
erant illæ conciones perditorum hominum necessariò turbulentæ [1].

107. Habuit de eodem me P. Lentulus consul
concionem : concursus est populi Romani factus:
omnes ordines, tota in illâ concione Italia consti-
tit : egit causam summâ cum gravitate copiâque
dicendi, tanto silentio, tantâ approbatione omnium, nihil ut unquàm videretur tàm populare
ad populi Romani aures accidisse. Productus est [2]
ab eo Cn. Pompeius, qui se non solùm auctorem meæ salutis, sed etiam supplicem populo Romano exhibuit : hujus oratio et pergravis, et grata
concioni fuit : sic contendo, nunquàm neque
sententiam ejus auctoritate, neque eloquentiam
jucunditate fuisse majorem.

108. Quo silentio sunt auditi de me cæteri principes civitatis? quos idcircò non appello hoc loco,
ne mea oratio, si minùs de aliquo dixero, ingrata;
si satis de omnibus, infinita esse videatur. Cedo
nunc ejusdem illius inimici mei de me eodem ad
verum populum [3] in campo Martio concionem. Quis

1 *Necessariò turbulentæ.* Ses mercenaires devaient
le servir, soit en payant de leur personne, soit en ap-
plaudissant à ses discours.
2 *Productus est.* Pompée, n'étant alors que simple

nion sur les affaires publiques. En effet, c'est en trois
endroits que se manifestent avec le plus d'évidence le
sentiment et la volonté du peuple Romain, les assemblées, les comices et les spectacles de gladiateurs ou
autres. Ainsi, dans ces dernières années, quelle assemblée y eut-il, je n'entends pas ces tourbes mercenaires, mais une assemblée véritable, où l'on ne pût
démêler l'accord unanime du peuple Romain¹? Beaucoup d'assemblées furent convoquées à mon sujet par
ce gladiateur sanguinaire; mais il ne s'y rencontrait
aucun citoyen honnête et vertueux. Aucun homme de
bien ne pouvait soutenir l'aspect hideux de ce monstre, ni entendre sa voix de Furie. Ils devaient être ces
attroupemens d'hommes perdus, oui, ils étaient nécessairement turbulens.

107. Je fus encore l'objet d'une assemblée convoquée
par le consul P. Lentulus. Le peuple Romain y accourut en foule. Tous les ordres et l'Italie entière y assis-
tèrent. Il plaida ma cause avec une éloquence et une
majesté si admirables, au milieu d'un silence si pro-
fond, avec une approbation si générale, que rien d'aussi
populaire ne semblait avoir jamais frappé les oreilles
romaines. Il produisit ensuite Cn. Pompée, qui non seulement proposa mon rappel, mais encore le demanda
en grâce au peuple Romain; son discours eut un effet
puissant et agréable sur l'assemblée; et je soutiens que
son autorité n'a jamais été plus imposante, ni son éloquence plus séduisante.

108. Avec quel silence furent aussi écoutés les
autres chefs de l'état? je ne les cite pas ici, dans la
crainte qu'un mot d'éloge sur chacun d'eux ne soit taxé
d'ingratitude, ou qu'en épanchant mon cœur, mon
discours ne paraisse interminable. Je passe maintenant
à la harangue que ce même homme, mon mortel ennemi, a prononcée contre moi au Champ-de-Mars, devant le véritable peuple Romain assemblé. Qui, bien

particulier, n'avait droit de haranguer le peuple qu'autant qu'un magistrat le faisait monter à la tribune.

3 *Veram populum.* Non des mercenaires soudoyés.

non modò approbavit, sed non indignissimum
facinus putavit, illum non dicam loqui, sed vivere ac spirare? quis fuit, qui non ejus voce macu-
lari rempublicam ; seque, si eum audiret, scelere
adstringi arbitraretur?

*Des comices. Prétendue loi portée par Clodius
et celle du rappel de Cicéron. Des deux causes,
quelle est la populaire? Gellius, appui de l'une.*

LI. Venio ad comitia [1], sive magistratûum pla-
cet, sive legum. Leges videmus sæpè ferri multas :
omitto eas, quæ feruntur itâ, vix ut quini, et hi
ex aliâ tribu [2], qui suffragium ferant, reperiantur.
De me, quem tyrannum atque ereptorem libertatis esse dicebat, in illâ ruinâ reipublicæ dicit se legem tulisse. Quis est, qui se, quùm contra me ferebatur, inîsse suffragium confiteatur? quùm autem
de me eodem ex senatusconsulto, comitiis centuriatis, ferebatur, quis est, qui non profiteatur se
affuisse, et suffragium de salute meâ tulisse? Utra
igitur causa popularis debet videri : in quâ omnes
honestates [3] civitatis, omnes ætates, omnes ordines unà consentiunt? an in quâ furiæ concitatæ
tanquàm ad funus reipublicæ convolant?

110. An, sicubi aderit [4] Gellius, homo et fratre [5] indignus, viro clarissimo, atque optimo consule, et ordine equestri, cujus ille ordinis nomen
retinet [6], ornamenta [7] confecit, id erit populare?

---

1 *Venio ad comitia.* Pour prouver toujours l'unité
d'opinion, lorsque les esprits ne sont pas fascinés.

2 *Ex aliâ tribu.* Des tribus entières quelquefois se
dispensaient d'assister aux comices, alors on les faisait
représenter.

3 *Omnes honestates.* C'est-à-dire, tous les hommes
ayant quelque charge, ou dignité.

4 *Sicubi aderit.* Pour applaudir Clodius dans ses ha-
rangues.

loin de l'approuver, n'a pas regardé comme le comble du déshonneur, je ne dirai pas qu'il parlât, mais même qu'il vécût, qu'il respirât? Qui n'a été d'avis que sa voix couvrait d'opprobre la république, et que l'entendre, c'était se plonger dans la scélératesse?

Dégradation, ruine, ressources philosophiques et voracité de cet homme.

LI. J'arrive aux comices, soit pour l'élection des magistrats, soit pour l'adoption des lois. Nous en voyons souvent proposer un grand nombre. Je ne parle pas de celles qui passent d'après le suffrage de cinq citoyens tirés d'autre tribu que celle qu'ils représentent. Clodius, qui m'appelait tyran et destructeur de la liberté, prétend qu'à cette époque désastreuse il a porté une loi contre moi. Se trouve-t-il un citoyen qui confesse avoir alors donné son suffrage pour la faire adopter? Mais, s'agit-il de celle qui, en vertu d'un sénatus-consulte, fut portée en ma faveur, qui ne se glorifie d'avoir assisté aux comices par centuries et d'avoir voté mon rappel? Eh bien! laquelle de ces deux causes doit vous paraître populaire, de celle où tout ce qu'il y a d'estimable dans l'état, où tous les âges, où tous les ordres sont dans la plus parfaite harmonie, et de celle où toutes les Furies déchaînées se liguent et prennent leur essor, pour frapper de mort la république?

110. De ce qu'une cause aura pour protecteur un Gellius, la honte d'un frère, personnage illustre et excellent consul, ainsi que de l'ordre équestre dont il conserva le nom, quoiqu'il ait absorbé son majorat, sera-t-elle pour cela populaire? C'est là, certes, un homme

---

5 *Fratre.* L. Gellius, collègue de M. Lentulus dans la censure et le consulat. Il avait proposé au sénat de décerner une couronne civique à Cicéron après son triomphe sur Catilina.

6 *Nomen retinet.* En effet, à la prochaine épuration, il ne pouvait manquer d'être chassé de l'ordre.

7 *Ornamenta.* La fortune indispensable, pour être chevalier, 40,000 écus.　　　　* 6

est enim homo iste populo Romano deditus [1]. Nihil vidi magis : qui quùm ejus adolescentia in amplissimis honoribus summi viri, L. Philippi [2], vitrici, florere potuisset, usque eò non fuit popularis, ut bona solus comesset : deindè ex impuro adolescente et petulante, posteaquàm rem paternam ab idiotarum [3] divitiis ad philosophorum regulam perduxit, Græculum [4] se atque otiosum putari voluit ; studio litterarum se subitò dedidit. Nihil sanè Attæ [5] juvabant ; anagnostæ, libelli etiam pro vino sæpè oppignerabantur ; manebat insaturabile abdomen, copiæ deficiebant : itaque semper versabatur in spe rerum novarum ; otio et tranquillitate reipublicæ consenescebat.

Désordres et popularité insensée de Gellius. Son admission aux fêtes et aux banquets de Clodius. Cause de la haine de cet homme contre

LII. Ecquæ seditio unquàm fuit, in quâ non ille princeps ? ecquis seditiosus, cui ille non familiaris ? ecquæ turbulenta concio, cujus ille non concitator ? cui benè dixit unquàm bono ? benè dixit ? imò, quem fortem et bonum civem non petulantissimè est insectatus ? qui, ut credo, non libidinis causâ, sed ut plebicola videretur, libertinam [6] duxit uxorem. Is de me suffragium tulit, is affuit, is interfuit epulis et gratulationibus parricidarum ; in quo tamen est me ultus, quùm illo ore [7] inimi-

---

1 *Populo romano deditus.* Jeu de mot ; Gellius se ruisait surnommer *Poplicola.*

2 *L. Philippi.* Orateur distingué qui fut consul.

3 *Iliotarum.* Espèce de gens matériels, qui n'ont ni règle ni mesure, que Cicéron met en contraste avec les vrais philosophes dont la vie est si bien réglée par goût encore plus que par système. L'orateur fait ici plaisamment passer Gellius des premiers chez les seconds.

dévoué au peuple Romain. En voici une preuve irrécusable : les honneurs dont était comblé le célèbre L. Philippe, son beau-père, auraient pu faire briller sa jeunesse ; mais il fut si loin d'être populaire qu'il mangeait seul tous ses biens ; au sortir de la jeunesse la plus débauchée, dans son mépris pour les richesses vulgaires dont il s'était débarrassé, il embrassa la vie réglée des philosophes, voulut passer pour un savant contemplatif, et se plongea tout-à-coup dans l'étude des lettres. Toute la sagesse de ses maîtres était en pure perte, ses lecteurs, ses livres mêmes étaient souvent mis en gage pour avoir du vin. Il lui restait un estomac insatiable, et les moyens de l'apaiser manquaient. Aussi toutes ses espérances se tournaient vers une révolution. Le repos et la tranquillité de la république le minaient.

Cicéron. Chefs des ennemis de l'orateur. Empressement unanime pour son rappel.

LII. Peut-on citer une sédition dont il n'ait été le chef ? un factieux dont il ne soit l'intime ami ? une assemblée turbulente qu'il n'ait soulevée ? A quel homme de bien a-t-il jamais donné des éloges ? Lui, donner des éloges ! Quel citoyen honnête et courageux n'a-t-il pas plutôt outragé avec la dernière impudence ! En vérité, ce n'est pas par excès d'amour, mais pour paraître ami du peuple qu'il a épousé une affranchie. Cet homme a voté contre moi ; il s'est présenté à l'assemblée ; il fut un des conviés aux banquets et aux fêtes des parricides. Toutefois il m'a vengé, en donnant à

---

4 *Græculum.* Les Romains donnait ce nom dérisoire à ceux que nous appelons *petits docteurs.*

5 *Attæ*, de ἄττα, père. Nom grec donné par respect aux vieillards. Le flatteur Gellius appelait ainsi ses maîtres.

6 *Libertinam.* Fille d'affranchi. Gens pour la plupart confondus avec la populace.

7 *Illo ore.* Il était d'usage d'embrasser ceux qu'on félicitait.

cos est meos suaviatus : qui , quasi meâ culpâ bona
perdiderit, ità ob eam ipsaṁ causam est mihi inimicus , quia nihil habet. Utrùm ego tibi patrimo-
nium eripui, Gelli , an tu comedisti ? quid ? tu meo
periculo, gurges ac vorago patrimonii , helluabare ;
ut, si ego consul rempublicam contra te et gregales
tuos defendissem, in civitate esse me nolles ? te
nemo tuorum videre vult : omnes aditum , sermo-
nem, congressum tuum fugiunt : te sororis filius Postumus , adolescens gravis , senili judicio, notavit ,
quùm in magno numero tutorem liberis non ins-
tituit. Sed elatus odio, et meo , et reipublicæ nomine, quorum ille utri sit inimicior nescio, plura
dixi, quàm dicendum fuit , in furiosissimum atque
egentissimum ganeonem.

112. Illùc revertor : contra me quùm sit actum ,
captâ urbe atque oppressâ , Gellium , Firmidium ,
Titium , ejusdem modi furias, illis mercenariis
gregibus duces et auctores fuisse, quùm ipse lator [1]
nihil ab horum turpitudine, audaciâ, sordibus
abhorreret : at quùm de dignitate meâ ferebatur,
nemo sibi nec valetudinis excusationem, nec se
nectutis, satis justam putavit : nemo fuit, qui se
non rempublicam mecum simul revocare in suas
sedes arbitraretur.

*Comices pour les élections. Avantages des candi-
dats non populaires , sur les populaires exal-*

LIII. Videamus nunc comitia magistratuum.
Fuit collegium nuper [2] tribunitium, in quo tres
minimè, vehementer duo populares existimaban-

---

1 *Ipse lator.* Celui qui fut l'auteur et le promoteur
de la loi contre Cicéron : Clodius.

mes ennemis, de sa bouche immonde, un tendre baiser
de félicitation. Comme si c'était par ma faute qu'il
eût perdu ses biens, il n'est mon ennemi que parce
qu'il n'a rien. Est-ce moi, Gellius, qui vous ai ravi votre
patrimoine, ou l'avez vous mangé vous-même ? Quoi
donc ? était ce à mes risques et périls que votre aveugle
voracité engloutissait votre fortune ? et devais-je m'attendre que, si je parvenais, dans mon consulat, à défendre la république contre vous et les gloutons de votre
espèce, vous ne voudriez plus me souffrir à Rome ?
Aucun de vos parens ne veut vous voir : tous fuient votre
abord, votre entretien, votre commerce : le fils de votre sœur, Postumus, jeune homme sensé et d'une ma-
turité de vieillard, vous flétrit lorsque, devant un grand
nombre de témoins, il vous refusa la tutèle de ses enfans. Mais emporté par la haine qui m'enflamme contre lui, en mon nom et au nom de la république qu'il
abhorre, je crois, autant que moi, j'en ai trop dit
d'un débauché enragé et réduit à l'indigence la plus
grande.

112. Je reviens à mon sujet. Lorsqu'on agissait contre moi dans Rome captive et opprimée, Gellius, Fir-
midius, Titius et d'autres Furies de cette trempe, furent
les chefs et les instigateurs de ces troupeaux de mercenaires, tandis que le législateur lui-même ne leur cé-
dait rien en turpitude, en audace, en horreurs. Mais,
lorsqu'on proposa la loi de ma réintégration, personne
ne pensa que son grand âge ou sa santé altérée fût
un motif assez légitime pour s'abstenir de cette assemblée. Chacun était persuadé qu'avec moi il rétablissait
la république elle-même dans ses foyers.

*tés, surtout Clodius. Réflexion sur ce choix
du peuple.*

LIII. Voyons maintenant les comices pour l'élection
des magistrats. Dans le dernier collège de tribuns, trois
passaient pour n'être nullement populaires, et deux

---

2 *Nuper.* Deux ans auparavant, sous le consulat de
César et de Bibulus.

tur. Ex his, qui populares non habebantur, qui-
bùs in illo genere conductarum concionum consis-
tendi potestas non erat, duos à populo Romano
prætores video esse factos; et, quantùm sermoni-
bus vulgi et suffragiis intelligere potui, præ se
populus Romanus ferebat, sibi illum in tribunatu
Cn. Domitii animum constantem et egregium, et
Q. Ancharii fidem ac fortitudinem, etiam si nihil
agere potuissent [1], tamen voluntate ipsâ gratum
fuisse. Jàm de C. Fannio quæ sit existimatio, videmus : quod judicium populi Romani in honoribus
ejus futurum sit, nemini dubium esse debet.

114. Quid? populares illi duo quid egerunt?
Alter, qui [2] tamen se continuerat, tulerat nihil ;
senserat tantùm de republicâ aliud, atque homines
exspectabant, vir et bonus, et innocens, et bonis viris semper probatus; quòd parùm videlicet intel-
lexit in tribunatu, quid vero populo probaretur,
et quòd illûm esse populum Romanum, qui in
concione erat, arbitrabatur, non tenuit eum locum [3], in quem, nisi popularis esse voluisset, facillimè pervenisset : alter, qui ità [4] se in populari
ratione jactârat, ut auspicia, legem Æliam, senatûs auctoritatem, consulem [5], collegas, bonorum
judicium, nihil putaret, ædilitatem petivit cum
bonis viris et hominibus primis, sed non præstantissimis opibus et gratiâ; tribum suam non tulit;
Palatinam denique, per quam omnes illæ pestes

---

1 *Nihil agere potuissent.* Le consul César paralysait
leur pouvoir par la faveur qu'il accordait au tribun Vatinius. Ce tribun proposait des lois très-dangereuses
pour la république.

2 *Alter, qui....* C. Alsius.

3 *Eum locum.* La préture ou l'édilité.

4 *Alter, qui ità....* Clodius. Nous avons vu qu'il
était édile, Cicéron parle ici du refus qu'il essuya dans
sa brigue pour cette charge. En effet, il rencontra les

pour l'être à l'excès. De ces trois premiers, qui n'étaient pas admis à siéger dans ces assemblées d'hommes vendus, j'en vois deux que le peuple Romain a élus préteurs; et, autant que j'ai pu juger d'après les discours et les suffrages du vulgaire, le peuple romain témoignait hautement qu'il reconnaissait la constance et la générosité de Cn. Domitius, ainsi que la fidélité et le courage de Q. Ancharius, et que, malgré leur inaction forcée pendant leur tribunat, il leur savait gré de leur bonne volonté. Quant à T. Fannius, nous voyons quel degré d'estime on a pour lui. L'opinion avantageuse que le peuple Romain en a conçue, lui ouvre la porte des honneurs, personne n'en doit douter.

114 Mais quoi? Ces deux autres tribuns populaires qu'ont-ils fait? L'un s'était pourtant modéré; il n'avait point porté de loi; seulement ses sentimens pour la république étaient tout autres qu'on s'y attendait : du reste, c'était un homme probe, irréprochable et toujours estimé des gens de bien; et cependant, pour ne s'être pas formé une juste opinion, pendant son tribunat, de ce qui mériterait l'opinion du peuple, pour avoir cru que c'était réellement le peuple Romain qui composait les assemblées, il n'a pas obtenu une dignité à laquelle, sans la manie d'aspirer à la popularité, il serait très-facilement parvenu. L'autre, qui se pavanait de son ascendant populaire au point de ne compter pour rien les augures, la loi Élia, l'autorité du sénat, le consul, ses collégues, l'estime des gens de bien, brigua l'édilité avec des citoyens honnêtes et du plus haut rang, mais dont le crédit et l'opulence étaient loin de désespérer des rivaux. Il n'emporta ni les suffrages de sa tribu, ni même ceux de la tribu Palatina, dont tous ces hommes

---

plus grands obstacles, parce qu'avant sa nomination, le sénat voulait que l'accusation de Milon fût partagée : ainsi, chaque fois que le consul Métellus convoquait les comices, Milon l'arrêtait par de sinistres présages. Mais le peuple, impatienté par ces délais, et voulant satisfaire son avidité des jeux donnés par les édiles, commença à murmurer, et Clodius fut élu.

5 *Consulem*. M. Bibulus qu'il fit enfermer.

vexare populum Romanum dicebantur, perdidit ; •
nec quidquam illis comitiis, quod boni viri vellent, nisi repulsam tulit. Videtis igitur, populum
ipsum, ut ità dicam, jàm non esse popularem, qui
ità vehementer eos, qui populares habentur, res-
puat; eos autem, qui ei generi adversantur, ho-
nore dignissimos judicet.

*Après avoir consulté les comices et les assemblées
sur l'opinion du peuple Romain, l'orateur la
cherche dans la joie libre et cordiale des jeux.
Quels personnages y applaudit-on? Jeux de
Scaurus. Aucuns des factieux n'y parut, pas*

LIV. Veniamus ad ludos : facit enim, Judices,
vester iste in me animorum oculorumque conjec-
tus, ut mihi jàm licere putem remissiore uti genere
dicendi. Comitiorum et concionum significationes
interdùm veræ sunt, nonnunquàm vitiatæ atque
corruptæ : theatrales [1] gladiatoriique [2] consessus dicuntur omninò solere, levitate nonnullorum, emptos plausus, et exiles, et raros excitare : attamen
facile est, quùm id fit, quemadmodùm, et à quibus fiat, et quid integra [3] multitudo faciat, videre. Quid ego nunc dicam, quibus viris, aut cui
generi civium maximè applaudatur? neminem vestrûm fallit : sit hoc sanè leve, quod non ità est, quoniam optimo cuique impertitur : sed, si est leve,
homini gravi leve est ; ei verò, qui pendet à rebus
levissimis, qui rumore, et (ut ipsi loquuntur) favore [4] populi tenetur, et ducitur, plausum, im-
mortalitatem, sibilum, mortem videri necesse est.

---

1 *Theatrales.* Où se représentaient les tragédies et
les comédies.

2 *Gladiatorii*, Spectacles où l'on faisait combattre
quelques couples de gladiateurs.

3 *Integra.* Qui a conservé son intégrité, qui n'a pas
été corrompue.

pernicieux se servaient, disait-on, pour vexer le peuple Romain. Il ne recueillit ainsi dans ces comices, conformément au vœu des gens de bien, que la honte d'un refus. Vous voyez donc que le peuple lui-même n'est, pour ainsi dire, plus populaire, lui qui repousse avec tant de mépris et de violence ceux qui passaient pour être populaires, et que c'est même à leurs adversaires à qui il adjuge de préférence les honneurs.

même Clodius que Cicéron couvre ici d'opprobre. Jeux auxquels assista ce tribun. Indignation qu'alluma sa présence dans le temple de l'Honneur et de la Vertu.

LIV. Parlons des jeux : en effet, Juges, vos regards pleins de bienveillance et l'attention dont vous m'honorez semblent me permettre de descendre à un ton moins sérieux. Aux comices et aux assemblées, les témoignages de la faveur du peuple sont quelquefois sincères, et quelquefois ils ne sont que le fruit de l'intrigue et de la corruption. On dit qu'il en est de même aux combats de gladiateurs et aux représentations théâtrales, où des mains soudoyées lâchent de temps en temps quelques applaudissemens grêles et clair-semés. Il est pourtant facile de voir d'où partent alors les applaudissemens, comment, par qui ils sont produits et si la partie saine des spectateurs y est étrangère. Dirai-je maintenant pourquoi, à quels hommes, ou à quelle sorte de citoyens surtout on applaudit? aucun de vous ne l'ignore. Que ce soit un avantage bien frivole, et il ne l'est pas, puisqu'on le départ à tous les meilleurs citoyens : si enfin il est frivole, il ne peut l'être que pour le sage; mais pour celui qui dépend des plus petites bagatelles, pour celui qu'une rumeur et ; comme ils le disent eux-mêmes, la faveur du peuple enchaîne et tyrannise, il faut nécessairement que les applaudissemens soient l'immortalité, et le sifflet le coup mortel.

---

4 *Favore*. Terme néologique du temps de Cicéron, comme son correctif le fait entendre.

116. Ex te igitur, Scaure [1], potissimùm quæro, qui ludos apparatissimos magnificentissimosque fecisti, ecquis istorum popularium tuos ludos adspexerit ; ecquis se theatro populoque Romano commiserit. Ipse ille maximè ludius [2], non solùm spectator, sed actor, et acroama [3]; qui omnia sororis embolia [4] novit ; qui in cœtum mulierum [5] pro psaltriâ adducitur ; nec tuos ludos adspexit in illo ardenti tribunatu suo, nec ullos alios, nisi eos, à quibus vix vivus effugit [6]. Semel, inquam, se ludis homo popularis commisit omninò, quùm in templo Honoris-Virtutis honos habitus esset virtuti, Caiique Marii, conservatoris hujus imperii, monumentum, municipi ejus, et reipublicæ defensori, sedem ad salutem præbuisset.

Le peuple Romain fait éclater au spectacle son amour pour l'orateur et sa haine pour son ennemi. Outrages que Clodius reçoit du peuple et des acteurs mêmes. Allusions amères pour

LV. Quo quidem tempore, quid populus Romanus sentire se ostenderit, utroque in genere ' declaratum est : primò, quùm, audito senatusconsulto, ore ipsi, atque absenti senatui plausus est ab universis datus : deindè, quùm senatoribus sin-

---

1 *Scaure.* L'édilité de Scaurus est l'époque où les mœurs des Romains commencèrent à se corrompre. Pline, au sujet des jeux dont il est ici question, est d'avis que la fortune que Sylla transmit à son petit-fils fut plus funeste à l'état que ses proscriptions. Il donne aussi la description du théâtre de Scaurus, dans son Hist. Nat., liv. 36, c. 15. L'imagination cède à une telle somptuosité.

2 *Ludius.* Ceux qui pendant l'action (*ludus*) chantaient sur la scène.

3 *Acroama.* Qui fait un récit jovial ou le récit lui-même. Cicéron applique à Clodius le premier sens.

116. En conséquence, je vous le demande, Scaurus, vous qui avez donné les fêtes les plus brillantes et
les plus magnifiques, un seul de ces hommes populaires
a-t-il assisté à vos jeux? un seul a-t-il osé paraître au
théâtre et braver par sa présence le peuple Romain?
Cet insigne baladin qui ne peut figurer comme simple
spectateur, mais comme un histrion, un musicien; lui
qui chez sa sœur est le héros des entr'actes; lui que l'on
introduit dans une assemblée de femmes, travesti en
chanteuse, s'est-il, pendant son tribunat incendiaire,
présenté à vos jeux, ni à d'autres qu'à ceux dont il
s'est à peine échappé vivant. Une seule fois pourtant
cet homme populaire s'est hasardé à paraître aux jeux,
c'est lorsque dans le temple de l'Honneur et de la Vertu
on rendit à la vertu un honneur bien mérité, et que le
monument de C. Marius, le sauveur de cet empire, de-
vint le port du salut pour un compatriote de ce héros,
un autre soutien de la république.

celui-ci, *et flatteuse pour Cicéron, que fournit*
en foule la pièce du fourbe, et qui toutes sont
parfaitement senties.

LV. En ce jour le peuple Romain mit en évidence ses
sentimens et d'amour et de haine. A la nouvelle du sénatus-consulte, l'auteur de ce décret et le sénat absent
furent d'abord l'objet d'un concert unanime d'applau-

---

4 *Sororis embolia. Embolium* du grec ἰμβάλλω, j'in-
terpose, en français, intermède. Bouffonneries d'un co-
médien au milieu d'une action. Ici épigramme virulente
contre Clodius, qui participait, disait-on, aux galante-
ries de sa sœur.

5 *Mulierum.* Allusion à la profanation des mystères
de la bonne déesse par Clodius travesti en femme.

6 *Vivos effugit.* Jour du rappel de Cicéron. On célé-
brait des jeux. Clodius y parut après la séance. Peu s'en
fallut qu'il ne fût massacré par le peuple indigné.

7 *In utroque genere.* En manifestant son amour
pour le parti de Cicéron et sa haine pour celui de Clodius.

gulis spectatum è senatu redeuntibus. Quùm verò
ipse, qui ludos faciebat [1], consul assedit; stantes,
et manibus passis, gratias agentes, et lacrymantes
gaudio, suam erga me benevolentiam ac misericordiam declarârunt. At, quùm ille furibundus, incï-
tatâ illâ suâ vecordi mente, venisset, vix se populus Romanus tenuit : vix homines odium suum à
corpore ejus impuro atque infando represserunt :
voces quidem, et palmarum intentus, et maledic-
torum clamorem omnes profuderunt.

118. Sed quid ego populi Romani animum virtu-
temque commemoro, libertatem jàm ex diuturnâ [2]
servitute respicientis, in eo homine, cui tùm pe-
tenti jàm ædilitatem ne histriones quidem coràm
sedenti pepercerunt ? Nàm quùm ageretur Togata [3],
Simulans, ut opinor, caterva tota, clarissimâ con-
centione in ore impuri hominis imminens concio-
nata est : *Huic vitæ tuæ*..... et, *Post principia
atque exitus vitiosæ vitæ!* sedebat exanimatus;
et is, qui anteà cantorum convicio [4] conciones ce-
lebrare suas solebat, cantorum ipsorum vocibus
ejiciebatur. Et, quoniam facta mentio est ludo-
rum, ne illud quidem prætermittam, in magnâ
varietate sententiarum nunquàm ullum fuisse locum, in quo aliquid à poetâ dictum cadere in tempus nostrum videretur, quod aut populum universum fugeret, aut non exprimeret ipse actor. Et,
quæso, hoc loco, Judices, ne quâ me levitate
ductum ad insolitum genus dicendi labi putetis,
si de poetis, de histrionibus, de ludis in judicio
loquar.

---

1 *Qui ludos faciebat.* Contre la coutume. Les édiles
seuls étaient chargés des jeux solennels dont on leur
tenait compte pour les frais. Mais les jeux Apollinaires
étaient payés par le préteur.

2 *Diuturnâ.* Depuis deux ans; d'abord sous le con-

dissemens de la part des spectateurs : ensuite chaque
sénateur, à son arrivée du sénat aux jeux, reçut un tribut
d'acclamations. Mais lorsque le consul qui donnait la
fête eut pris sa place, tous, debout, les mains tendues
vers lui, exprimant leur reconnaissance et pleurant de
joie, signalèrent leur bienveillance et leur sensibilité à
mon égard. Quand, au contraire, ce forcené, poussé
sans doute par sa fougue insensée, osa se montrer, le
peuple eut peine à se contenir. Peu s'en fallut qu'il n'as-
souvît sa haine dans son sang impur et abominable : tous
même vomirent contre lui l'outrage, la menace, et l'im-
précation.

118. Eh ! pourquoi rappeler le courage héroïque
du peuple Romain revendiquant sa liberté trop long-
temps enchaînée à l'aspect d'un homme que des histrions mêmes insultèrent à outrance à l'instant où il
sollicitait l'édilité, bien plus, en sa présence au théâtre.
Un jour, en effet, qu'on représentait, je crois, *le Fourbe*,
le chœur entier couvert du costume romain, les yeux
attachés sur cet homme impur, donna à ses accords l'in-
tonation la plus éclatante en prononçant: *Cette vie digne
de la tienne....* et de même, *Après les commencemens et
le terme d'une vie ignominieuse*. Immobile sur son
siége, il était anéanti : et celui qui avait coutume d'entendre retentir dans ses assemblées les clameurs de ses
mercenaires, se voyait chassé du théâtre par les voci-
férations des acteurs. Mais, puisqu'il est question des
jeux, je ferai remarquer que, dans une grande diver-
sité de sentences, il ne s'en est trouvé aucune où la
pensée du poète ait quelque analogie avec l'époque actuelle, qui n'ait été généralement saisie par le peuple et
dont l'acteur n'ait fait sentir l'application. Mais, Juges, je vous en conjure, ne m'accusez pas d'être descendu par légèreté à un ton inusité devant les tribunaux, si je vous parle de poètes, d'histrions et de jeux.

---

sulat de César et Bibulus; ensuite sous celui de Pison
et Gabinius.

3 *Togata*. Comédie dont le sujet était grec.

4 *Convicio* ou *convocio*, acclamations des mercé-
naires de Clodius.

*Cicéron reprend le ton imposant qu'exigent de lui
le tribunal qui va le juger, la cause qu'il défend, enfin toutes les bienséances oratoires qu'il
doit observer. Il veut montrer à la jeunesse les
hommes vraiment populaires, et pour cela ré-*

LVI. Non sum tàm ignarus, Judices, causarum,
non tàm insolens in dicendo, ut omni ex genere
orationem aucuper, et omnes undiquè flosculos
carpam, atque delibem : scio, quid gravitas ves-
tra, quid hæc advocatio [1], quid ille conventus [2],
quid dignitas P. Sextii, quid periculi magnitudo,
quid ætas, quid honos meus postulet. Sed mihi
sumpsi hoc loco doctrinam quamdam juventuti,
qui essent optimates : in eâ explicandâ demons-
trandum est, non esse populares omnes eos, qui
putentur. Id facillimè consequar, si universi populi judicium verum et incorruptum, et si intimos
sensus civitatis expressero.

120. Quid fuit illud, quòd, recenti nuntio de illo
senatusconsulto, quod factum est in templo Virtutis, ad ludos scenamque perlato, consessu maximo,
summus artifex, et meherculè semper partium in
republicâ, tanquàm in scenâ, optimatium, flens,
et recenti lætitiâ, et misto dolore ac desiderio meî,
egit apertè multò gravioribus verbis meam causam,
quàm egomet de me agere potuissem ? summi enim
poetæ [3] ingenium non solùm arte suâ, sed etiam
dolore exprimebat. *Quid enim ? qui rempublicam*

---

1 *Advocatio.* L'office des avocats présens aux plai-
doyers pour aider l'accusé.

2 *Conventus.* L'auditoire. *Summus artifex.* Esopus,
le plus grand tragédien des Romains. Dans le même
temps, Roscius excellait dans les rôles comiques. Voici
le sentiment d'Horace sur ces deux talens opposés :

Ea cùm reprehendere coner
Quæ gravis Æsopus, quæ doctus Roscius egit. Epit. 1, Liv. 11, 81.

Tous deux ont mérité un témoignage authentique d'es-

vient sur les jeux. Effet de la nouvelle de son rappel, au théâtre. Talent d'Esopus. Son amitié pour Cicéron. Allusions éloquentes. Enthousiasme du peuple. Modestie de l'orateur.

LVI. Je ne suis pas assez peu versé dans l'art de la plaidoierie, ni assez étranger aux règles de l'éloquence, pour embrasser dans mon discours tous les genres, y entasser une multitude de fleurs recueillies de tous côtés, et y effleurer tous les tons. Je sais ce qu'exigent la majesté de ce tribunal, la sainteté de mon ministère, cette assemblée, le noble caractère de P. Sextius, la grandeur du péril, mon âge et mon rang distingué. Mais, si j'ai pris sur moi d'enseigner ici à la jeunesse quels sont les véritables hommes de bien, le développement de ma proposition m'oblige aussi de démontrer que ceux qui passent pour populaires ne le sont pas tous réellement. J'y parviendrai très-facilement, si je rends sensible le jugement pur et vrai du peuple entier, ainsi que les sentimens intimes des citoyens.

120. Dès que le premier bruit du sénatus-consulte rendu dans le temple de la Vertu fut parvenu aux jeux et au théâtre, quelle ne fut pas l'impression produite par cet artiste sublime, aussi noble, aussi majestueux dans ses sentimens pour la république que dans ses rôles sur la scène, lorsque pleurant à cette heureuse nouvelle, autant de joie que de douleur et du regret de mon absence, il plaida publiquement ma cause avec beaucoup plus de force que je ne l'aurais pu faire moi-même. Ce n'était pas seulement son talent, mais encore son cœur qui réfléchissait les traits sublimes de son poète. *Quoi donc ? un héros, l'appui, le sauveur de la répu-*

---

time, de reconnaissance et d'amitié du prince des orateurs. Il a immortalisé leur cœur et leur talent. Quel plus bel éloge. Voyez pour Roscius le discours *pro Quintio*, n° 76.

3 *Poetæ*. L'auteur de la pièce.

certo animo adjuverit, statuerit, steterit cum Achi-
vis. Vobiscum me stetisse dicebat, vestros ordines demonstrabat : revocabatur [1] ab universis. *Re*
dubiá, nec dubitárit vitam offerre, nec capiti
pepercerit. Hæc quantis ab illo clamoribus age-
bantur? quùm jàm, omisso gestu, verbis poetæ,
et studio actoris, et exspectationi nostræ plaudere-
tur? *Summum amicum, summo in bello.....* (nam
illud ipse actor adjungebat [2] amico animo; et fortassis homines propter aliquod desiderium appro-
babant) *summo ingenio præditum.*

Cicéron n'abandonne pas la mine riche qu'il a
 ouverte. Il continue à commenter d'une manière
 attendrissante les allusions ingénieuses et le
 ton touchant que le regret inspire à Esopus.

LVII. Tùm illa, quanto cum gemitu populi
Romani, ab eodem paulò pòst in eâdem fabulâ sunt
acta? *O pater....* Me, me ille absentem, ut patrem
deplorandum putârat, quem Q. Catulus, quem
multi alii sæpè in senatu patrem patriæ nominârant.
Quanto cum fletu de illis nostris incendiis ac ruinis, quùm patrem pulsum, patriam afflictam de-
ploraret, domum incensam eversamque? sic egit,
ut demonstratâ pristinâ fortunâ, quùm se convertisset, *Hæc omnia vidi inflammari* [3]*....* fletum etiam
inimicis atque invidis excitaret.

122. Proh dii immortales ! quid ! illa quemad-

***

1 *Revocabatur.* On réclamait, on faisait répéter des
passages, comme sur nos théâtres, quand on crie *bis.*

2 *Adjungebat.* De son propre mouvement, par l'ins-
piration du sentiment, sans que ces mots fissent partie
de son rôle.

3 *Inflammari.* Cette même citation est reproduite

blique, toujours fidèle aux Grecs. C'est à vous qu'il disait que je suis resté fidèle, et il montrait vos rangs.
L'assemblée entière lui faisait répéter ces mots : *A l'é-
poque du danger il n'a pas hésité d'offrir sa vie, il n'a
point ménagé sa personne.* Avec quelles acclamations
ces paroles n'étaient-elles pas accueillies, puisque ce
n'était déjà plus au jeu de l'acteur, mais aux vers du
poète, au zèle d'Esopus et à l'espérance de mon rappel qu'on applaudissait ? *Excellent ami, au milieu d'une
guerre effroyable......* Son cœur lui inspirait d'ajouter
ces à propos à son rôle, et peut-être certain regret de
mon absence faisait-il qu'on les approuvait : *Excellent
ami ! génie divin !*

*Cet excellent acteur reversait par son talent
dans l'âme des spectateurs les sentimens dont
son cœur était plein.*

LVII. Quels furent les gémissemens du peuple Romain, quand peu après le même acteur poussa dans la
même pièce cette exclamation : *O mon père.* Hélas ! c'é-
tait moi, moi absent, qu'il pensait devoir pleurer, moi
que Q. Catulus et une foule d'autres personnages avaient
souvent nommé dans le sénat, père de la patrie. Quels
torrens de larmes au tableau attendrissant de mes désastres et de l'embrâsement de mes biens, lorsqu'il dé-
plorait les déchiremens d'un père exilé, sa patrie cons-
ternée, son palais incendié et entièrement détruit ?
Quand après avoir peint l'éclat de son ancienne fortune,
il eut proféré en se retournant : *Ah! tous ces biens je
les ai vus la proie des flammes.....* Il fut si pathétique
qu'il arracha des larmes même à mes envieux et à mes
ennemis.

122. O dieux immortels ! avec quel accent de vérité

---

par Cicéron dans la 3ᵉ Tusculane. On y lit même huit
vers de suite de l'Andromaque d'Ennius. Ce passage est
précisément celui où cette princesse déplore ses malheurs. Chez les Anciens, les rôles de femme étaient
remplis par des hommes ; voilà pourquoi Esopus décla-
mait ce rôle.

modùm dixit idem ? quæ mihi quidem ità et acta
et scripta videntur esse, ut vel à Catulo; si revixisset, præclarè posse dici viderentur : is enim liberè
reprehendere, et accusare populi nonnunquàm temeritatem solebat, aut errorem senatûs : *O ingra-*
tifici Argivi, inanes Graii, immemores beneficii !
Non erat illud quidem verum : non enim ingrati,
sed miseri, quibus reddere salutem, à quo accepe-
rànt, non liceret : nec unus in quemquam unquàm
gratior, quàm in me universi : sed tamen illud
scripsit disertissimus poëta pro me [1] ; egit fortissimus actor, non solùm optimus, de me, quùm omnes ordines demonstraret ; senatum, equites Romanos, universum populum Romanum accusaret :
Exsulare sinitis, sistis pelli, pulsum patimini.
Quæ tùm significatio fuerit omnium, quæ declara-
tio voluntatis ab universo populo Romano in causâ
hominis non popularis, equidem audiebamus : exis-
timare faciliùs possunt, qui affuerunt.

Sensibilité de l'acteur. Si le peuple eût été libre,
il ne se serait pas contenté d'épier et de sai-
sir avidement les allusions de l'acteur et du
poète ; mais il aurait manifesté ouvertement

LVIII. Et, quoniam me hùc provexit oratio,
histrio casum meum toties collacrymavit, quùm
ità dolenter ageret causam meam, ut vox ejus illa
præclara lacrymis impediretur. Neque poëtæ, quorum ego semper ingenia dilexi, tempori meo defue-
runt ; eaque populus Romanus non solùm plausu,
sed etiam gemitu suo comprobavit. Utrùm igitur
hæc Æsopum potiùs pro me, aut Accium dicere
oportuit, si populus Romanus liber esset, an prin-

---

[1] *Pro me.* Cicéron vivait bien après Accius. Aussi
on ne doit pas dire *a écrit* ; mais *semble avoir écrit,*

déchirante il débita ces autres passages qui me semblent si naturellement écrits, que Catulus lui-même, s'il ressuscitait, serait loin de désavouer un tel langage. En effet, libre et sévère, il se déchaînait et tonnait contre la légèreté du peuple et l'erreur du sénat : *O ingrats Argiens ! nation vaine et futile, incapable de reconnaissance !* Ce reproche n'était pas juste dans son application ; ils n'étaient pas ingrats, mais malheureux de n'avoir pas la liberté de s'acquitter par un bienfait réciproque envers celui qui les avait sauvés ; et aucun citoyen n'eut plus de reconnaissance pour son bienfaiteur que tout un peuple n'en eut pour moi. Cependant les vers de cet excellent poète semblaient avoir été tracés pour moi ; et l'acteur, aussi distingué par son courage que par son talent, faisait allusion à moi, lorsqu'il interpellait tous les ordres et accusait le sénat, les chevaliers et tout le peuple Romain. *Vous permettez son exil, vous avez souffert son bannissement, et vous l'abandonnez à son malheur !* Quel fut l'élan général et l'énergie du peuple Romain dans la manifestation de sa volonté à l'égard d'un homme qui n'était pas populaire, c'est ce dont la renommée m'a fidèlement informé : mais il est plus facile d'en juger pour ceux qui en furent témoins.

son opinion. Effet du nom Tullius. Combats de gladiateurs de Scipion. Affluence du peuple. Sextius s'y rend, pour servir la cause de Cicéron. Applaudissemens dont il est l'objet.

LVIII. Mais puisque mon discours m'a entraîné aussi loin, j'ajouterai qu'à tous ces passages l'acteur pleura mon infortune, et qu'en plaidant ma cause, il fut si ému que sa voix belle et touchante fut étouffée par ses sanglots. Les poètes, dont les productions ingénieuses ont toujours fait mes délices, fournirent maintes allusions à ma position, et le peuple Romain les approuvait par ses acclamations et même par ses gémissemens. Si ces mêmes Romains eussent été libres, était-ce à Esopus, était-ce à Accius ou plutôt aux chefs de la république

puisque l'application de ces vers à la position où se trouve Cicéron est juste sur tous les points.

cipes civitatis ? Nominatim sum appellatus in Bruto [1] ; *Tullius, qui libertatem civibus stabiliverat.* Millies revocatum est. Parumne videbatur populum Romanum judicare id à me et à senatu esse constitutum, quod perditi cives sublatum per nos criminabantur ?

124. Maximum verò populi Romani judicium universo consessu gladiatorio declaratum est : erat enim munus Scipionis [2], dignum et eo ipso, et illo Q. Metello, cui dabatur. Id autem spectaculi genus erat, quod omni frequentiâ atque omni genere hominum celebratur ; quo multitudo maximè delectatur. In hunc consessum P. Sextius tribunus plebis, quùm ageret nihil aliud in eo magistratu, nisi meam causam, venit, et se populo dedit, non plausûs cupiditate, sed ut ipsi inimici nostri voluntatem universi populi viderent. Venit (ut scitis) ad columnam Meniam [3] : tantus est ex omnibus spectaculis usque à Capitolio, tantus ex fori cancellis plausus excitatus, ut nunquàm major consensio, aut apertior populi Romani universi fuisse ullâ in causâ diceretur. Ubi erant tùm illi concionum moderatores, legum domini, civium expulsores ? aliusne est aliquis improbis civibus peculiaris populus, cui nos offensi invisique fuerimus ?

Conséquence que Cicéron tire des acclamations du peuple dans les divers jeux. Il accable de ridicules le tribun factieux. Clodius hué par

LIX. Equidem existimo, nullum tempus esse frequentioris populi, quàm illud gladiatorium ;

---

1 *In Bruto.* Tragédie d'Accius. L'acteur, dans un passage frappant, avait substitué *Tullius* à Brutus, parce qu'en étouffant la conjuration, Cicéron avait sauvé la liberté de Rome, ainsi que Brutus l'avait fait en brisant le sceptre de la tyrannie.

à prendre ainsi ma défense? J'ai même été cité par mon nom dans Brutus..... *Tullius qui avait affermi la liberté de Rome.* On fit mille fois répéter ces mots. Pouvait-on juger d'une manière plus positive, que le sénat et moi avions consolidé ce que des citoyens pervers nous accusaient d'avoir détruit?

124. L'opinion de tout le peuple Romain assemblé ne se manifesta jamais plus universellement qu'aux combats de gladiateurs donnés par Scipion en l'honneur de Q. Métellus, avec une pompe digne de ces deux grands hommes. Ce genre de spectacle attire une affluence extraordinaire de spectateurs de toutes les classes; la multitude surtout en fait ses délices. P. Sextius, tribun du peuple, qui, dans le cours de sa magistrature, ne s'occupait que de ma cause, suit le torrent et s'offre en public, non par le désir des applaudissemens, mais pour montrer à nos ennemis eux-mêmes la volonté générale du peuple. Il prend place, vous le savez, auprès de la colonne Ménia: de toutes les parties de l'amphithéâtre, du Capitole même et de toutes les barrières du Forum, il s'élève de tels applaudissemens que, dans aucune cause, disait-on, l'unanimité du peuple Romain ne fut jamais plus grande, ni plus visible. Où étaient alors ces despotes des assemblées, ces arbitres souverains des lois, ces persécuteurs des citoyens? est-il pour les méchans quelqu'autre peuple particulier dont nous ayons mérité le courroux et la haine?

la populace. Différence du peuple Romain et des mercenaires. L'orateur attaque la comparaison de Régulus avec lui.

LIX. Pour moi, je pense qu'il n'y a aucun exemple d'un concours plus nombreux qu'à ces combats de gla-

2 *Scipionis.* Qui avait été adopté par Métellus Pius le Numidique. Il fut père de Cornélie, femme de Pompée.

3 *Columnam Meniam.* On regardait de là, dans la place publique, les combats de gladiateurs.

neque concionis ullius, neque vero ullorum comitiorum. Hæc igitur innumerabilis hominum multitudo, hæc populi Romani tanta significatio, sine
ullâ varietate universi, quùm illis ipsis diebus de
me actum iri putaretur, quid declaravit, nisi optimorum civium salutem et dignitatem populo Romano caram esse universo?

126. At vero et ille tribunus plebis, qui de me,
non patris, avi, proavi, majorum [1] denique suorum omnium, sed Græculorum [2] instituto, concionem interrogare solebat, Velletne me redire; et,
quùm erat reclamatum semivivis mercenariorum
vocibus, populum Romanum negare dicebat : is,
quùm quotidie gladiatores spectaret, nunquam est
conspectus [3], quùm veniret : emergebat [4] subito,
quùm sub tabulas subrepserat, ut, *Mater, te appello [5]*.... dicturus videretur. Itaque illa via late-
brosa, quâ spectatum ille veniebat, Appia [6] jàm
vocabatur : qui tamen quoquo tempore conspectus erat, non modò gladiatores, sed equi ipsi gla-
diatorum repentinis sibilis extimescebant.

127. Videtisne igitur, quantùm inter populum
Romanum, et concionem intersit? dominos concionum omni odio populi notari? quibus autem
consistere in operarum concionibus non liceat, eos
omni populi Romani significatione decorari? Tu
mihi etiam M. Atilium Regulum commemoras [7],

---

1 *Majorum.* Qui, loin d'être factieux, pouvaient lui
servir de modèles pour être bon citoyen.

2 *Græculorum.* Sophistes qui, prêts à répondre à
toute question, avaient pour méthode de poser la proposition en trois mots.

3 *Nunquàm est conspectus.* Il se cachait.

4 *Emergebat....* quand il était reconnu et assailli par
les sifflets.

5 *Mater, te appello.* Paroles de Polidore à Ilione sa

diateurs, dans aucune assemblée populaire, ni même aux comices. En conséquence, cette multitude innombrable de citoyens, tous animés des mêmes sentimens, ce témoignage d'un zèle empressé dès que l'on crut qu'il s'agissait de mon affaire, ont-ils signifié autre chose, que le salut et l'honneur des citoyens vertueux sont chers à tout le peuple Romain ?

126. Mais, quant à ce tribun du peuple qui, loin de marcher sur les traces de son père, de son aïeul, enfin de tous ses ancêtres, copiait absurdement les sophistes, il consultait d'ordinaire son assemblée au sujet de son vœu sur mon retour; et, à peine quelques murmures confus de ces mercenaires se faisaient-ils entendre en signe de réclamation, qu'il déclarait que le peuple Romain s'y opposait. Il assistait tous les jours à ce spectacle, et s'y déroba toujours à tous les regards; à son arrivée, il se glissait dans les planches, et paraissait tout-à-coup, comme pour dire : *O ma mère, je t'implore!*..... Aussi le couloir ténébreux par lequel il venait au spectacle était déjà appelé la voie Appienne. Toutes les fois pourtant qu'on l'apercevait, les sifflets étaient si subits et si redoublés, que les gladiateurs et leurs chevaux mêmes en étaient épouvantés.

127. Voyez-vous quelle différence il existe entre le peuple Romain et ces assemblées corrompues? les présidens de ces clubs ne sont-ils pas flétris de la haine des vrais citoyens? les magistrats, au contraire, à qui l'on ne permet pas de faire partie de ces ramas de manœuvres, n'ont-ils pas mille témoignages de la glorieuse bienveillance de tous les Romains? Et, vous osez encore me rappeler Atilius Régulus, qui, par son retour

---

sœur, qu'il croit sa mère. Voy. les commentateurs d'Horace sur le v. 61. Sat. 5. l. 2.

6 *Appia*. Allusion satirique à la voie Appia ouverte par le censeur Appius Claudius, un des ancêtres de Clodius.

7 *Regulum commemoras*. Pour rendre Cicéron odieux, ses ennemis le comparaient à Régulus. Mais l'habile orateur paralyse adroitement le coup.

qui redire ipse Carthaginem suâ voluntate ad supplicium, quàm sine iis captivis, à quibus ad senatum missus erat, Romæ manere, maluerit? et
mihi negas optandum reditum fuisse per familias
comparatas, et homines armatos.

L'orateur prouve qu'il a toujours été l'ennemi
de la violence et s'en félicite. Sollicitude, soins,

LX. Vim scilicet ego desideravi, qui, dùm vis
fuit, nihil egi, et quem, si vis non fuisset, nulla
res labefactare potuisset. Hunc ego reditum repu-
diarem, qui ità florens fuit, ut verear, ne quis me
studio gloriæ putet idcircò exîsse, ut ità redirem?
Quem enim unquàm senatus civem, nisi me, nationibus exteris commendavit? cujus unquàm propter salutem, nisi meam, senatus publicè sociis populi Romani gratias egit? De me uno patres cons-
cripti decreverunt, ut, qui provincias cum imperio obtinerent, qui quæstores legatique essent,
salutem et vitam meam custodirent. In unâ meâ
causâ post Romam conditam factum est, ut litteris
consularibus ex senatusconsulto, cunctâ ex Italiâ,
omnes, qui rempublicam salvam vellent, convoca-
rentur. Quod nunquàm senatus in universæ reipublicæ periculo decrevit, id in unius meâ salute
conservandâ decernendum putavit. Quem curia
magis requisivit? quem forum luxit? quem æquè
ipsa tribunalia desideraverunt? Omnia discessu
meo deserta, horrida, muta, plena luctûs et mœroris fuerunt. Quis est Italiæ locus, in quo non
fixum sit in publicis monumentis studium salutis
meæ, testimonium dignitatis?

Sénatus-consulte porté en faveur de Cicéron dans
le temple de Jupiter et adopté à l'unanimité,

LXI. Nam quid ego illa de me divina senatus-
consulta commemorem? vel quod in templo Jovis

volontaire à Carthage, préféra marcher lui-même au-
devant du supplice que de rester à Rome sans les cap-
tifs qui l'avaient député au sénat? et vous m'inter-
disez le désir de mon retour par des levées d'esclaves et
une force armée?

*secours, honneurs dont il a été l'objet de la
part du sénat et de l'Italie entière.*

LX. Quoi donc? J'ai désiré la violence, moi qui, pendant son règne, n'ai rien fait, moi qui sans elle n'aurais
pu éprouver aucun échec? J'aurais rejeté ce retour si
brillant, qu'en vérité je craindrais de voir planer sur moi
le soupçon qu'un désir passionné de la gloire m'a fait sortir de Rome, pour y entrer en triomphe? En effet, quel
autre citoyen que moi le sénat a-t-il recommandé aux
nations étrangères? pour le salut de qui le sénat a-t-il
jamais rendu des actions de grâces publiques aux alliés
du peuple Romain, si ce n'est pour le mien? C'est pour
moi seul que les sénateurs ont ordonné aux gouverneurs
de provinces, aux questeurs et aux lieutenans de veiller à la sûreté de mes jours. Ma cause est l'unique depuis la fondation de Rome, où l'on ait vu, par des lettres
consulaires, émanées en vertu d'un sénatus-consulte,
convoquer de tous les points de l'Italie ceux qui voulaient le salut de la république. Ce qui ne fut jamais décrété, lorsque le danger s'étendait sur toute la patrie,
le sénat a cru le devoir faire pour ma seule conserva-
tion. Qui a été plus réclamé par cet ordre majestueux,
pleuré davantage par le forum, autant regretté par les
tribunaux mêmes? Oui, toutes les tribunes, par mon départ, ont été désertes, muettes, plongées dans la stu-
peur, le deuil et la désolation. Quel lieu en Italie où la
bienveillance qui éclata pour moi et les hommages dont
je fus l'objet ne soient consacrés sur les monumens publics?

*malgré Clodius. Autre décret du sénat. Me-
sures vigoureuses qu'il contenait.*

LXI. Ferai-je mention de ces glorieux sénatus-con-
sultes rendus en ma faveur; l'un dans le temple du

* 7

optimi maximi factum est, quùm vir is, qui tri-
partitas orbis terrarum oras atque regiones tribus
triumphis adjunctas huic imperio notavit, de scrip-
to sententiâ dictâ, mihi uni testimonium patriæ
conservatæ dedit? cujus sententiam ità frequentis-
simus senatus secutus est, ut unus dissentiret hostis [1] ; idque ipsum [2] tabulis publicis mandaretur,
ad memoriam posteri temporis sempiternam : vel
quod est postridiè decretum in curiâ, populi ipsius
Romani, et eorum, qui ex municipiis convenerant,
admonitu, ne quis de cœlo servaret ; ne quis moram ullam afferret : si quis aliter fecisset, eum
planè eversorem reipublicæ fore, idque senatum
gravissimè laturum ; et ut statìm de ejus facto re-
ferretur. Quâ gravitate suâ, quùm frequens senatus nonnullorum scelus audaciamque tardâsset ; tamen illud addidit, si diebus quinque [3], quibus
agi de me potuisset, non esset actum, redirem in
patriam, dignitate omni recuperatâ.

*Actions de grâces du sénat à tous les partisans
de Cicéron. Zèle ardent de chacun d'eux. Clodius seul est inflexible. Métellus, ennemi de l'o-*

LXII. Decrevit eodem tempore senatus, ut iis,
qui ex totâ Italiâ salutis meæ causâ convenerant,
agerentur gratiæ ; atque ut iidem ad res redeuntes,
ut venirent, rogarentur. Hæc erat studiorum in
meâ salute contentio ; ut ii, qui à senatu de me ro-
gabantur, iidem senatui pro me supplicarent. Atque ità in his rebus unus est solus inventus, qui
ab hâc tàm impensâ voluntate bonorum palàm dis-
sideret, ut etiam Q. Metellus consul, qui mihi
vel maximè ex magnis contentionibus reipublicæ
fuisset inimicus, de meâ salute retulerit. Qui exci-

---

1 *Hostis.* P. Clodius.
2 *Idque ipsum.* Lui seul, Clodius, s'était opposé.

meilleur, du plus grand des dieux, de Jupiter, lorsque
le héros qui, par trois triomphes, a signalé la réunion
des trois parties du monde à cet empire, m'a gratifié,
dans un discours écrit, du titre de sauveur de la patrie?
la totalité des sénateurs adopta sa motion; un seul s'y
opposa : c'était mon ennemi. Cet arrêté fut consigné
dans les matricules, pour en perpétuer l'éternel souvenir dans la postérité. L'autre décret, porté le lendemain dans le sénat, sur l'avis du peuple lui-même et de
ceux qui étaient accourus des villes municipales, défendait qu'on eût égard aux signes qui se passeraient
dans le ciel et qu'on se gardât d'apporter le moindre
délai à mon affaire; protestant que, si l'on agissait autrement, on serait regardé comme destructeur de la république, que le sénat en serait très-offensé, et qu'aussitôt il serait fait un rapport sur cette transgression. Quoique le sénat toujours nombreux eût enchaîné par cette
résolution vigoureuse l'audace de quelques scélérats,
il ajouta pourtant que si, dans les cinq jours où elle
pourrait être traitée, mon affaire n'était pas terminée,
je rentrerais dans ma patrie, en recouvrant tous mes
droits et mes honneurs.

*rateur, se laisse gagner, attendrir même par
Servilius et se voue à Cicéron. Éloge adroit à
ce sujet.*

LXII. Le sénat décréta en même temps qu'on rendît
grâces à ceux qui s'étaient rassemblés de toute l'Italie,
pour me sauver ; et que, si leurs affaires exigeaient leur
retour, ils étaient priés de revenir au plus tôt. Telle
était la violence du zèle général pour mon salut, que
ceux que le sénat sollicitait pour moi lui adressaient
aussi les mêmes suppliques. Dans ces circonstances
un seul homme se rencontra qui, au milieu de la bienveillance extrême de tous les bons citoyens, osait se
déclarer ouvertement contre moi. Le consul Q. Métellus lui-même, que de violens débats politiques avaient
exaspéré au dernier point, fut rapporteur de mon af-

-----

3 *Diebus quinque.* Les seuls jours pendant lesquels
on pouvait s'occuper d'affaires publiques.

tatus quùm summâ auctoritate P. Servilii [1], tum
incredibili quâdam gravitate dicendi, quùm ille
omnes propè ab inferis evocâsset Metellos, et ad
illius generis, quod sibi cum eo commune [2] esset,
dignitatem, propinqui sui mentem à Clodianis latrociniis reflexisset : quùmque eum ad domestici
exempli memoriam, et ad Numidici illius Metelli
casum [3] vel gloriosum, vel gravem convertisset,
collacrymavit, ut vir egregius ac verè Metellus,
totumque se P. Servilio dicenti etiam tùm tradi-
dit; nec illam divinam gravitatem, plenam antiquitatis, diutiùs homo ejusdem sanguinis potuit
sustinere, et mecum absens beneficio suo [4] rediit
in gratiam. Quod certè, si est aliquis sensus in
morte præclarorum virorum, quùm omnibus Me-
tellis, tùm verò uni viro fortissimo, et præstantis-
simo civi gratissimum, fratri suo [5], fecit, socio
laborum, periculorum, consiliorum meorum.

*Retour triomphant de Cicéron. Son passage à
Brindes à une époque solennelle. Lénius Flac-
cus et sa famille. Voyage brillant de l'orateur.
Son entrée à Rome. Réflexion pathétique. Ré-*

LXIII. Reditus verò meus qui fuerit, quis ignorat? Quemadmodùm mihi advenienti, tanquàm
totius Italiæ, atque ipsius patriæ dexteram porre-
xerint Brundisini, quùm ipsis nonis Sextilibus
idem dies [6] adventûs mei fuisset, qui et natalis

---

1 *P. Servilii*, surnommé l'Isaurique, parce qu'il
avait vaincu les Isauriens, en Cilicie. Il fut censeur,
consul et décoré du triomphe.

2 *Commune*. Métellus tirait son origine paternelle de
Métellus, Macédonien, et sa maternelle de Servilius.

3 *Metelli casum*. Métellus Numidicus était exilé, pour
ne pas se soumettre à la loi agraire.

faire, Rappelé à lui-même par l'autorité imposante de
P. Servilius et par l'ascendant incroyable de sa mâle
éloquence, ce fut lorsque le vénérable orateur eut
évoqué le souvenir de presque tous les Métellus descen-
dus aux sombres bords, et qu'il eut reporté l'attention
de son parent sur la gloire d'une famille entière qui leur
est commune en l'arrachant aux brigandages de Clodius;
ce fut aussi, lorsqu'il alla réveiller dans son cœur la mémoire d'un exemple domestique, le malheur et l'héroïsme de Métellus le Numidique, qu'alors le consul
vraiment digne de sa naissance et de son nom, versa des
larmes amères, et Servilius parlait encore qu'il se livra
entièrement à lui. Il ne put résister long-temps à ce modèle de gravité antique des anciens Romains, à cet
homme formé du même sang que lui, et, par les bons
offices qu'il me rendit même en mon absence, il mérita
de rentrer en grâce avec moi. Et, certes, si les grands
hommes conservent encore quelque sentiment après
leur mort, ce changement de conduite a dû pénétrer de
joie tous les Métellus, et surtout ce guerrier plein de
courage, cet excellent citoyen, son frère, le compagnon
dévoué de mes travaux, de mes périls et de mes desseins.

*ponse à la question indécente de Vatinius tou-
chant les honnêtes gens. Griefs de Cicéron
contre ce tribun, et accusation avantageuse pour
lui.*

LXIII. Qui ignore quel fut mon retour? et comment, à mon arrivée, les habitans de Brindes me pré-
sentèrent amicalement la main, comme mandataires de
toute l'Italie et de la patrie elle-même? Le jour de mon
arrivée se trouvait tomber aux nones d'Août, précisé-

4 *Beneficio suo.* De concert avec Lentulus, il proposa le rappel de Cicéron.
5 *Fratri suo.* Quintus Métellus Céler, qui, étant préteur, sous le consulat de l'orateur, reçut ordre de protéger l'Italie contre les conjurés.
6 *Dies.* Le 5 d'août.

idem carissimæ filiæ, quam ex gravissimo tùm
primùm desiderio luctuque conspexi; idem etiam
ipsius coloniæ Brundisinæ, idemque Salutis [1] :
quùmque me domus eadem optimorum et doctis-
simorum virorum, Lenii Flacci, et patris, et fratris ejus, lætissima accepisset, quæ proximo anno
mœrens receperat, et suo præsidio periculoque defenderat : quùmque itinere toto urbes Italiæ festos
dies agere adventûs mei videbantur ; viæ multitudine legatorum undiquè missorum celebrabantur ;
ad urbem accessus incredibili hominum multitudine, et gratulatione florebat ; iter à portâ, in Capitolium adscensus, domum reditus erat ejusmodi,
ut summâ in lætitiâ illud dolerem, civitatem tàm
gratam, tàm miseram atque oppressam fuisse.

132. Habes igitur, quod ex me quæsîsti ; qui essent optimates : non est natio, ut dixisti ; quod ego
verbum agnovi [2] : est enim illius, à quo uno maximè P. Sextius se oppugnari videt, hominis ejus,
qui hanc nationem deleri et concidi cupivit :
qui C. Cæsarem, mitem hominem, et à cæde ab-
horrentem sæpè increpuit, sæpè accusavit, quùm
affirmaret, illum nunquàm, dùm hæc natio viveret, sine curâ futurum : nihil profecit de universis [3] : de me agere non destitit ; me oppugnavit primùm per indicem Vectium [4], quem in concione
de me, et de clarissimis viris interrogavit : in quo

1 *Salutis*. De la déesse Salus, dont le temple avait été
consacré dans ce temps même.

2 *Agnovi*. J'ai reconnu Vatinius.

3 *De universis*. Ses conseils n'ont pu porter César
à prendre les armes contre tous les plus honorables citoyens.

4 *Vectium*. Scélérat, suborné par César et son dé-

ment le jour de la naissance de ma fille bien-aimée, que
j'eus alors le bonheur d'envisager pour la première fois
depuis une séparation si pénible et si douloureuse ;
c'était encore le jour où fut fondée la colonie de Brindes
et où fut dédié le temple du Salut. Lénius Flaccus, son
père et son frère, tous personnages très-vertueux et
très-instruits, m'accueillirent avec les transports de la
joie la plus vive, dans leur maison qui, théâtre de désolation, l'année précédente, m'avait offert asyle et protection contre mes ennemis. Sur toute ma route, les villes de l'Italie semblaient consacrer par des fêtes le jour
de mon arrivée. Les voies publiques étaient couvertes
d'une foule de députés envoyés de toutes parts. A mon
approche de Rome, quelle multitude incroyable ! et
quel déluge de félicitations ! depuis la porte de Rome,
jusqu'au sommet du Capitole, et du Capitole à ma maison, l'empressement général dont j'étais l'objet offrait un
tableau si touchant, qu'au milieu de ma joie excessive
je ne pus commander à mon attendrissement, à l'idée
qu'une ville si reconnaissante avait été si malheureuse
et si opprimée.

132. Voilà donc ma réponse à la question que vous
m'avez adressée sur les honnêtes gens. Ce n'est pas une
espèce, comme vous l'avez dit. A cette expression,
j'ai reconnu celui par qui P. Sextius se voit continuelle-
ment assailli, cet homme qui n'a cessé de blâmer et de
condamner la douceur et l'humanité de César, dont l'âme
est si loin d'être sanguinaire, en assurant qu'il ne serait
jamais sans inquiétude, tant que cette espèce existerait.
Il a échoué dans son dessein de les perdre tous ; mais
il s'est acharné avec plus de rage à ma ruine. Il m'a
d'abord attaqué par les délations de Vectius, qu'il sou-
mit en pleine assemblée à un interrogatoire sur moi et
les plus illustres personnages. Cependant, comme il a

---

nonciateur. Il avait déclaré que les principaux personnages de Rome lui avaient ordonné de tuer Pompée.
Cicéron, qui n'avait été accusé qu'indirectement, ménage ici César, en ne parlant que de Vatinius. César,
en effet, craignant de s'être compromis dans son im-
posture, brisa son instrument pour se tirer d'embarras,
et Vectius fut étranglé en prison.

tamen eos cives conjunxit eodem periculo et crimine, ut à me inierit gratiam, quòd me cum amplissimis et fortissimis viris congregavit.

*Méchanceté de Vatinius envers Cicéron. Il le
calomnie auprès de Pompée. Sa joie de son
exil. Conduite modérée de l'orateur opposée à*

LXIV. Sed posteà mihi, nullo meo merito, nisi
quòd bonis placere cupiebam, omnes est insidias
sceleratissimè machinatus. Ille ad eos, à quibus
andiebatur, quotidiè aliquid defecti[1] afferebat :
ille hominem mihi amicissimum, Cn. Pompeium,
monebat, ut meam domum metueret, atque à me
ipso caveret : ille se sic cum inimico meo copularat,
ut illum meæ proscriptionis, quam adjuvabat Sex.
Clodius, homo iis dignissimus, quibuscum vivit,
tabulam esse, se scriptorem diceret : ille unus ordinis nostri discessu meo, luctu vestro palàm ex-
sultavit. De quo ego, quùm quotidiè rueret[2], verbum feci, Judices, nunquam ; neque putavi, quùm
omnibus machinis ac tormentis, vi[3], exercitu[4], copiis[5] oppugnarer, de uno sagittario[6] me queri con-
venire.

134. Acta mea sibi ait displicere : quis nescit ?
qui legem eam[7] contemnat, quæ dilucidè vetat, gladiatores biennio, quo quis petierit, aut petiturus
sit, dare ? In quo ejus temeritatem satis mirari, Ju-

---

1 *Aliquid defecti.* Manutius préfère *de me ficti à defecti.* Selon lui, ce dernier sens serait une altération du
texte.

2 *Rueret.* Se ruer comme un forcené ! quelle force
dans cette expression.

3 *Vi*, de Clodius.

4 *Exercitu*, de César.

impliqué ces citoyens dans les dangers d'une accusation qui m'est commune, j'ai contracté envers lui une dette de reconnaissance, en ce qu'il a associé ma cause à celle des hommes les plus respectables et les plus énergiques.

l'acharnement de son ennemi ; enfin l'ironie la plus amère abreuve ce dernier. Ses prétendus gladiateurs.

LXIV. Depuis ce moment, sans que j'eusse d'autre tort que le désir de me concilier l'estime des gens de bien, il m'a dressé toutes sortes d'embûches avec la plus noire scélératesse. Chaque jour il communiquait à ceux qui daignaient l'écouter, quelque découverte à mon détriment. Il avertissait Pompée, dont l'amitié pour moi est sans bornes, de redouter ma maison, et de se défier de ma personne même. Il s'était tellement lié avec mon ennemi, qu'il le nommait son agent passif, et se donnait comme l'auteur de ma proscription pour laquelle S. Clodius, leur associé, les avait si bien secondés. Lui seul de tout notre ordre a vu combler ses vœux par mon départ, lui seul a outragé votre deuil par les transports publics de son insolente joie ; quoiqu'il se ruât chaque jour sur moi, Juges, je n'ai jamais opposé un mot de défense à sa rage. D'ailleurs, me voyant, comme une citadelle, en butte à toutes sortes de machines, d'armes, de forces et de fureurs, je n'ai pas cru qu'il convenait de me plaindre des attentats d'un vil archer.

134. Il dit que les actes de mon consulat lui déplaisent, qui l'ignore ? quand on le voit fouler aux pieds la loi qui défend expressément de donner des gladiateurs pendant les deux années qu'on brigue, ou qu'on doit briguer les charges. C'est en cela, Juges, que je

---

5 *Copiis*, des partisans de Clodius.

6 *Sagittario*, de Vatinius. Cicéron se compare, par ces expressions, à une forteresse assiégée.

7 *Legem eam*, loi proposée sous le consulat de Cicéron, et qu'il viole en donnant des gladiateurs, malgré sa brigue des dignités.

dices, non queo : facit apertissimè contra legem :
facit is, qui neque elabi ex judicio ¹ jucunditate ²
suâ , neque emitti gratiâ potest; neque opibus et
potentiâ leges ac judicia perfringere. Quæ res hominem impellit, ut sit tam intemperans ? istâ ni-
miâ gloriæ cupiditate familiam gladiatoriam, credo,
nactus est, speciosam, nobilem, gloriosam : nôrat
studia populi : videbat clamores et concursus fu-
turos. Hâc exspectatione elatus homo, flagrans cupiditate gloriæ , tenere se non potuit, quin hos
gladiatores induceret, quorum esset ipse pulcher-
rimus. Si ob eam causam peccaret, pro recenti populi Romani in se benefioio ³ , populari studio
elatus; tamen ignosceret nemo : quùm verò ne de
venalibus quidem homines electos, sed ex ergastu-
lis emptos, nominibus gladiatoriis ornârit, et sortitò ⁴ alios Samnites ⁵, alios Provocatores ⁶ fecerit;
tanta licentia , tanta legum contemptio , nonne
quem habitura sit exitum , pertimescit ?

135. Sed habet defensiones duas : primùm , Do,
inquit, bestiarios ⁷ : lex est scripta de gladiatoribus.
Festivè. Accipite aliquid etiam acutius. Dicit se
non gladiatores , sed unum gladiatorem ⁸ dare, et
totam ædilitatem in munus hoc transtulisse. Præclara ædilitas : unus leo : ducenti bestiarii. Verùm utatur hâc defensione : cupio eum suæ causæ

---

1 *Elabi ex judicio.* D'avoir violé la loi.

2 *Jucunditate*, Vatinius était très-laid, *gratiá*, sans
le moindre crédit , *opibus et potentiá*, homme de néant.

3 *Beneficio.* Ironie. Vatinius avait essuyé un refus.

4 *Sortitò.* Par le sort, étant inhabiles.

5 *Samnites.* Gladiateurs armés comme les Samnites.

6 *Provocatores.* Ceux qui, au commencement du
combat , provoquaient leur adversaire.

7 *Bestiarios.* Ceux qui combattaient des animaux fé-

ne puis assez admirer sa témérité. Il est en contravention avec la loi : il y est, Juges, et ne saurait par sa beauté se dérober à la peine dont il est passible ; ni même par son crédit la conjurer, et encore moins par ses richesses, ou par son pouvoir corrompre les lois et les jugemens. Quel motif pousse donc cet homme à un tel accès de rage ambitieuse ? c'est, je crois, par désir frénétique de la gloire, qu'il a acquis une troupe brillante de gladiateurs frais et vigoureux : peut-être qu'en cela il connaissait le goût du peuple ; il prévoyait quels seraient les acclamations et le concours de la multitude. Exalté par cette espérance, et passionné pour la gloire, cet homme hors de lui n'aura pu s'empêcher de produire ces gladiateurs dont il était lui-même la plus belle fleur. Si tel était le motif réel de sa faute, si, dans le premier feu de la reconnaissance, il s'était laissé emporter par le désir d'être agréable au peuple Romain, il serait encore inexcusable. Mais lorsque, loin d'être des hommes d'élite parmi les esclaves à vendre, ceux qu'il a décorés du titre de gladiateurs et dont il fait au hasard des Samnites ou des Rétiaires, ne sont que la lie des bagnes, ne doit-il pas trembler sur la conséquence inévitable d'une licence si effrénée, d'un tel mépris pour les lois ?

135. Mais il oppose deux moyens de défense : d'abord, dit-il, je fais combattre des bestiaires, et la loi n'est portée que contre les gladiateurs. L'argument est plaisant. En voici un plus ingénieux encore : il prétend donner non des combats, mais un seul combat de gladiateurs, et avoir transféré toute son édilité dans unique spectacle. Éclatante édilité, en effet ! un se lion, et deux cents bestiaires. Au reste, qu'il adopte ce plan de défense : je désire qu'il compte sur le gain de sa cause, puisque d'ordinaire, lorsqu'il s'en défie, il

---

roces. D'après Pline, Scaurus fit combattre cent cinquante panthères, Pompée quatre cent dix, et Auguste quatre cent vingt.

8 *Unum gladiatorem.* Interprétation absurde de la loi, mais qui satisfait un transgresseur. La loi était exclusive dans la défense.

confidere. Solet enim tribunos plebis appellare [1],
et vi judicium disturbare [2], quùm diffidit : quem
non tàm admiror, quòd meam legem contemnat,
hominis inimici, quàm quòd se statuit omninò
consularem legem nullam putare. Cæciliam-Di-
diam., Liciniam-Juniam contempsit. Etiamne ejus,
quem suâ lege et suo beneficio ornatum [3], muni-
tum, armatum solet gloriari, C. Cæsaris legem de
pecuniis repetundis [4] non putat esse legem ? Et
aiunt alios esse, qui acta Cæsaris rescindant, quùm
hæc optima lex, et ab illo socero ejus, et ab hoc
asseclâ negligatur ?

Cicéron attaque les conseils parricides de l'accu-
sateur et les tourne contre lui et ses créatures.
Il annonce habilement sa péroraison. Exhorta-

LXV. Et cohortari ausus est accusator in hâc
causâ vos, Judices, ut aliquandò essetis severi,
aliquandò medicinam adhiberetis reipublicæ. Non
est ea medicina, quùm sanæ parti corporis scalpel-
lum adhibetur, atque integræ : carnificina est ista,
et crudelitas : hi medentur reipublicæ, qui exse-
cant pestem aliquam, tanquàm strumam civitatis [5].
Sed, ut extremum habeat aliquid oratio mea, et
ut ego antè dicendi finem faciam, quàm vos me
tàm attentè audiendi ; concludam illud de optima-
tibus, eorumque principibus, ac reipublicæ defensoribus : vosque, adolescentes, et, qui nobiles estis,

---

1 *Tribunos plebis appellare.* Action des simples particuliers, quand ils pensaient leur liberté ou leurs droits
en danger.

2 *Vi judicium disturbare.* L'action infâme de Vatinius
qui, accusé d'après la loi Licinia-Junia, et craignant
de n'avoir gain de cause, eut recours à la violence.

3 *Ornatum.* Le sénat avait toujours distribué les provinces. Mais, à l'expiration du consulat de César, le

en appelle aux tribuns, et bouleverse par la violence le
tribunal où il comparaît. Je ne suis pas si surpris de le
voir mépriser ma loi, l'ouvrage d'un homme son ennemi, que frapper systématiquement de nullité toute loi
consulaire. Il a abreuvé de mépris les lois Cécilia-Didia
et Licinia-Junia. Bien plus! n'a-t-il pas outragé même
la loi de C. César sur les concussions? Et cependant il
a coutume de se vanter que c'est à sa loi et à ses services
que ce héros doit l'affermissement de sa puissance et
l'agrandissement de sa gloire. Eh! qu'on en accuse d'autres d'annuler les actes de César, lorsque cette excellente loi de César même sur les concussions est un objet
de rebut pour son beau-père et son servile favori!

*tions aux jeunes Romains. Exemple de leurs
ancêtres. Moyen honorable d'illustration. Ré-
partition du pouvoir après l'expulsion des rois.*

LXV. Et, dans cette cause, Juges, l'accusateur a osé
vous exhorter à être sévères, à remédier enfin aux
maux de la république. Ce n'est pas exercer l'art de
guérir que de porter le scalpel sur une partie saine et
intègre d'un corps; c'est un acte de férocité, c'est le
trait d'un bourreau. Ceux-là seuls sont les véritables
médecins de la république, qui lui retranchent tout
membre gangrené, tel qu'un Vatinius, l'opprobre de
l'état. Mais pour mettre une borne à mon discours, et
ne pas abuser trop long-temps de l'extrême attention
que vous me prêtez, je vais terminer cette digression
sur les honnêtes gens, sur leurs chefs et les défenseurs
de la république. Vous, jeunes concitoyens, dignes hé-

---

tribun Vatinius lui fit décerner, par le peuple, le gouvernement de la Gaule Cisalpine pour cinq ans. Cet
abus d'autorité était inouï.

4 *De pecuniis repetundis.* Étant questeur à Pouzzol,
Vatinius avait commis force exactions.

5 *Strumam civitatis. Struma,* au propre, signifie
écrouelles, et Vatinius en était attaqué.

ad majorum vestrûm imitationem excitabo ; et qu
ingenio et virtute nobilitatem potestis consequi, ad
eam rationem, in quâ multi homines novi et ho-
nore et gloriâ floruerunt, cohortabor.

137. Hæc est una via, mihi credite, et laudis,
et dignitatis, et honoris; à bonis viris, sapientibus
et benè naturâ constitutis, laudari et diligi : nôsse
descriptionem civitatis [1], à majoribus nostris sa-
pientissimè constitutam ; qui, quùm regum potestatem non tulissent, itâ magistratus annuos creave-
runt, ut consilium senatûs reipublicæ proponerent
sempiternum : deligerentur autem in id consilium
ex universo populo, aditusque in illum summum
ordinem omnium civium industriæ ac virtuti pate-
ret. Senatum reipublicæ custodem, præsidem,
propugnatorem collocaverunt ; hujus ordinis auctoritate uti magistratus, et quasi ministros gravissimi consilii esse voluerunt ; senatum autem ipsum proximorum [2] ordinum splendore confirmari ;
plebis libertatem et commoda tueri atque augere
voluerunt.

*Cicéron continue à montrer aux jeunes Romains
la voie de la vertu et de la gloire. Des honnétes
gens et de leurs chefs. Périls qu'ils courent. A*

LXVI. Hæc qui pro virili parte defendunt, optimates sunt, cujuscumque sint ordinis. Qui autem
præcipuè suis cervicibus tanta munia, atque rempublicam sustinent, ii semper habiti sunt optimatium principes, auctores, et conservatores civitatis.
Huic hominum generi fateor, ut antè dixi, multos adversarios, inimicos, invidos esse, multa pro-

---

1 *Descriptionem civitatis.* Mot-à-mot. La distribution
de la ville, partagée en différens ordres.

ritiers de vos nobles ancêtres, je vous exciterai à les prendre pour modèles, et vous qui, par vos talens et vos vertus, pouvez prétendre à la noblesse, je vous exhorterai à embrasser le plan par lequel tant d'hommes nouveaux ont fourni une carrière si brillante d'honneurs et de gloire.

137. L'unique moyen, croyez-moi, d'acquérir l'estime, la considération et les dignités, c'est de mériter les éloges et l'amour des citoyens vertueux, sages et favorisés de la nature, de connaître parfaitement la constitution de l'état que nos ancêtres ont établie avec tant de sagesse. Ceux-ci, mécontens du joug des rois, le brisèrent et créèrent des magistrats annuels, pour garantir par-là éternellement à la république le conseil du sénat. Ce conseil suprême devait être composé d'hommes élus par le peuple entier; et les sièges en étaient accessibles aux talens et aux vertus de chaque citoyen. Ils placèrent le sénat comme le gardien, le président et le défenseur de la république. Ils voulurent que les magistrats fissent usage de l'autorité de cet ordre, et qu'ils fussent comme les ministres de ce conseil auguste; ils voulurent aussi que le sénat lui-même puisât sa force dans la splendeur des ordres immédiatement subalternes ; et qu'il eût le soin de protéger et d'étendre la liberté et les priviléges du peuple.

qui s'adresse l'orateur. Devoirs des amans de la vraie gloire. Contraste des factieux et des grands citoyens.

LXVI. Ceux qui veillent autant qu'il est en eux au maintien de ces droits, forment la classe des gens de bien de quelqu'ordre qu'ils soient d'ailleurs. Quant aux fonctionnaires publics sur qui repose tout le fardeau de l'administration, on les a toujours regardés comme l'élite des gens de bien, les soutiens et les conservateurs de la patrie. Les hommes de cette trempe, je le répète, rencontrent une foule d'adversaires, d'ennemis et d'en-

---

a *Proximorum.* Les ordres des chevaliers et des juges, par exemple.

poni pericula, multas inferri injurias, magnos esse
experiendos et subeundos labores : sed mihi omnis
oratio est cum virtute, non cum desidiâ; cum dignitate, non cum voluptate; cum iis, qui se patriæ, qui suis civibus, qui laudi, qui gloriæ, non
qui somno, et conviviis, et delectationi natos arbitrantur. Nam, si qui voluptatibus ducuntur, et
se vitiorum illecebris, et cupiditatum lenociniis
dediderunt, missos faciant honores; ne attingant
rempublicam; patiantur viros fortes labore, se otio
suo perfrui.

139. Qui autem bonam famam bonorum, quæ
sola verè gloria nominari potest, expetunt, aliis
otium quærere debent, et voluptates, non sibi.
Sudandum est his pro communibus commodis, ad-
eundæ inimicitiæ, subeundæ sæpè pro republicâ
tempestates : cum multis audacibus, improbis,
nonnunquàm etiam potentibus, dimicandum. Hæc
audivimus de clarissimorum virorum consiliis, et
factis : hæc accepimus, hæc legimus : neque eos in
làude positos videmus, qui incitârunt aliquandò
populi animos ad seditionem, aut qui largitione
cæcârunt mentes imperitorum, aut qui fortes et
claros viros, et benè de republicâ meritos in invidiam aliquam vocaverunt : leves hos semper nostri
homines, et audaces, et malos, et perniciosos cives putaverunt. At verò qui horum impetus et
conatus represserunt; qui auctoritate, qui fide,
qui constantiâ, qui magnitudine animi, consiliis
audacium restiterunt; ii graves, ii principes, ii duces, ii auctores hujus ordinis, et dignitatis, atque imperii semper habiti sunt.

*Cicéron rassure ses jeunes concitoyens sur les
disgráces dont les grands hommes sont menacés. Malheur d'Opimius que l'orateur justifie. Les héros triomphent toujours de l'infor-*

vieux ; ils sont assiégés de périls et abreuvés d'outrages ;
ils ont de grands obstacles à vaincre et de pénibles travaux à supporter. Mais ce n'est ni à la lâcheté, ni à la
volupté que j'adresse tout ce discours, c'est à la vertu,
au mérite, et surtout à ceux qui se croient nés pour
leur patrie, leurs concitoyens, l'honneur, la gloire, et
non pour la mollesse, les festins et les plaisirs. En est-il
qui soient esclaves ignobles des voluptés et qui aient
donné tête baissée dans les panneaux et dans les attraits
des passions ? qu'ils renoncent aux honneurs, qu'ils restent étrangers à toute fonction publique, qu'ils laissent
le travail aux hommes courageux et jouissent contens
de leur oisiveté.

139. Ceux qui poursuivent avec ardeur l'estime des
gens de bien, c'est-à-dire, la seule gloire solide et véritable, doivent rechercher le repos et les plaisirs pour
les autres et non pour eux-mêmes. Il leur faut s'épuiser
en efforts pour l'intérêt général, braver les inimitiés,
affronter sans cesse les orages politiques, et en venir
aux mains avec une foule d'audacieux, de méchans, et
quelquefois même avec les hommes armés du pouvoir.
Voici ce que nous ont appris les leçons des grands
hommes, ce que nous a transmis leur exemple et ce que
nous ont consacré les fastes de la gloire : c'est que nous
ne voyons jamais la gloire être le domaine de ceux qui
ont allumé dans le cœur des peuples le feu de la sédition, qui ont ébloui l'esprit d'une multitude ignorante
par des largesses, ou qui ont soufflé la haine sur des citoyens courageux, illustres et qui ont bien mérité de la
république. Parmi nous, ils ont toujours passé pour des
hommes extravagans, audacieux, sans moralité et fu-
nestes au bien public. Ceux, au contraire, qui ont réprimé la fougue et les efforts de ces factieux, ceux dont
l'autorité, la fidélité, la constance et la grandeur d'âme
ont lutté contre des projets des audacieux, ont toujours
été considérés comme des citoyens vénérables, comme
les chefs, les modèles et l'ornement de cet ordre, comme
les soutiens et la majesté même de cet empire.

*tune ; les mauvais citoyens succombent. Si
l'ingratitude des Athéniens envers Miltiade et
leur injustice envers Aristide n'ont pas rebuté*

*Thémistocle, ni la versatilité du peuple d'autres
héros, à plus forte raison eux, citoyens de Rome,*

LXVII. Ac, ne quis ex nostro, aut aliquorum
prætereà casu hanc vitæ viam pertimescat : unus in
hâc civitate, quem quidem ego possim dicere,
præclarè vir de republicâ meritus, L. Opimius [1]
indignissimè concidit : cujus monumentum [2] cele-
berrimum in foro, sepulcrum desertissimum in littore Dyrrachino [3] relictum est. Atque hunc tamen flagrantem invidiâ propter interitum C. Grac-
chi semper ipse populus Romanus periculo libe-
ravit : alia quædam civem egregium iniqui judicii procella [4] pervertit : cæteri verò aut repentinâ vi
perculsi, ac tempestate populari, per populum tamen ipsum recreati sunt, atque revocati ; aut omninò invulnerati, inviolatique vixerunt. At verò
ii, qui senatûs consilium, qui auctoritatem bonorum, qui instituta majorum neglexerunt, et impe-
ritæ, aut concitatæ multitudini jucundi esse voluerunt ; omnes ferè reipublicæ pœnas aut præsenti
morte, aut turpi exsilio dependerunt.

141. Quòd si apud Athenienses, homines Græ-
cos, longè à nostrorum hominum gravitate dis-
junctos, non deerant qui rempublicam contra populi temeritatem defenderent, quùm omnes, qui
ità fecerant, è civitate ejicerentur : si Themisto-
clem illum, conservatorem patriæ, non deterruit
à republicâ defendendâ nec Miltiadis calamitas [5],

---

1 **L.** *Opimius.* A l'expiration de son consulat,
L. Opimius, qui avait tué C. Gracchus, fut accusé d'a-
voir fait mourir un citoyen sans autre forme de procès :
et, pourtant il fut absous contre toute attente. Mais il
fut de nouveau accusé pour s'être laissé corrompre par
Jugurtha, et il alla mourir en exil, en horreur au peuple.
Cicéron le loue, parce qu'ils avaient la même manière

patrie reconnaissante , doivent-ils être supérieurs à toute disgrâce.

LXVII. Que ma disgrâce accidentelle , et celle de quelques autres, n'inspirent, à personne de l'horreur pour la carrière administrative. De tous les citoyens qui ont été les bienfaiteurs héroïques de la patrie , je n'en puis citer qu'un , L. Opimius, dont la mort ait été indigne de sa belle vie. Le monument fameux, chef-d'œuvre de ses mains, s'élève encore superbe dans le forum, et son tombeau solitaire gît ignoré sur le rivage désert de Dyrrachium. Il était l'objet d'une haine bien violente à cause du meurtre de C. Gracchus, pourtant le peuple Romain l'a toujours arraché à l'imminence du danger. Enfin , dans un orage inopiné , cet excellent citoyen succomba sous une sentence inique. Les autres, victimes d'une calamité imprévue, et d'une émeute populaire , ont été réintégrés et rappelés par le peuple lui-même ; ou bien , inaccessibles à la moindre disgrâce, leur vie s'est écoulée tranquillement. Mais ceux qui ont méprisé le conseil du sénat, l'autorité des gens de bien, les institutions de nos ancêtres ; ceux qui ont voulu se rendre agréables à une multitude aveugle et soulevée, ont expié, par une mort prompte, ou par un exil honteux, leurs attentats contre la république.

141. Si chez les Athéniens, chez les Grecs, que la majesté du caractère romain a laissés tellement au-dessous de nous, la patrie ne manquait jamais de défenseurs contre l'imprudence du peuple, quoique tous ceux qui s'étaient voués à sa défense eussent été bannis ; si le malheur de Miltiade qui naguère avait sauvé son

---

de voir en politique , et qu'à son exemple il fît mourir , sans condamnation , les complices de Catilina.

2 *Monumentum.* Le temple de la Victoire, élevé dans la place publique.

3 *Littore Dyrrachino.* Lieu de son exil.

4 *Iniqui judicii procella.* Accusé d'avoir cédé à l'or de Jugurtha , il fut condamné.

5 *Miltiadis calamitas.* Miltiade, accusé de s'être vendu à Darius, fut condamné à une amende considérable. Ne pouvant la payer , il fut mis en prison où il mourut.

qui illam civitatem paulò antè servârat, nec Aristidis fuga [1], qui unus omnium justissimus fuisse
traditur : si posteà summi ejusdem civitatis viri,
quos nominatim appellari non est necesse, proposi-
tis tot exemplis iracundiæ levitatisque popularis,
tamen suam rempublicam illam defenderunt : quid
nos tandem facere debemus, primùm in eâ civitate
nati, undè orta mihi gravitas et magnitudo animi
videtur ? tum in tantâ gloriâ insistentes, ut omnia
humana leviora videri debeant ? deindè, ad eam
rempublicam tuendam aggressi, quæ tantâ dignitate est, ut eam defendentem occidere non aliud
sit, quàm oppugnantem rerum potiri ?

*Gloire des héros Grecs que l'orateur vient de
citer. Renommée éclatante d'Annibal. Des héros Romains. Préceptes sublimes de patrio-*

LXVIII. Homines Græci, quos anteà nominavi,
iniquè à suis civibus damnati atque expulsi, tamen,
quia benè sunt de suis civitatibus meriti, tantâ hodiè gloriâ sunt, non in Græciâ solùm, sed etiam
apud nos, atque in cæteris terris, ut eos, à quibus
illi oppressi sunt, nemo nominet ; horum calamitatem dominationi illorum omnes anteponant.
Quis Carthaginiensium pluris fuit Annibale, consilio, virtute, rebus gestis ; qui unus cum tot im-
peratoribus nostris per tot annos de imperio et de
gloriâ decertavit ? hunc sui cives è civitate ejecerunt [2], nos etiam hostem litteris nostris et memoriâ videmus esse celebratum.

143. Quare imitemur nostros Brutos, Camillos,
Ahalas, Decios, Curios, Fabricios, Maximos,

---

1 *Aristidis fugâ.* Aristide, adversaire de Thémistocle,
fut forcé par ce dernier à s'exiler.

2 *Ejecerunt.* Assertion plus oratoire que vraie ; car

pays ; si l'exil d'Aristide, que les traditions peignent comme le plus juste des Athéniens, n'ont pas détourné Thémistocle, le célèbre conservateur de sa patrie, de se consacrer à son salut; si, après eux, tant de héros fameux, dont il n'est pas nécessaire de faire la liste, malgré les nombreux exemples de l'emportement et de la légèreté du peuple, n'en ont pas moins défendu leur république ; que devons-nous faire enfin, nous, enfans d'une cité qui semble avoir été le berceau de la constance et de la magnanimité ? nous, dont la gloire est telle que toutes les autres choses humaines ne paraissent plus que des futilités ? nous, d'ailleurs, qui nous sommes imposé de maintenir une république dont la dignité est si sainte, qu'il n'y a pas de différence entre immoler son défenseur, et l'attaquer pour s'en faire le tyran ?

tisme. Immortalité de la gloire et de la vertu déduite de la mort d'Hercule.

LXVIII. Les Grecs illustres que je viens de nommer, injustement condamnés et exilés par leurs concitoyens, ont cependant si bien mérité de leur patrie, qu'ils sont toujours resplendissans de gloire, non seulement en Grèce, mais même chez nous, et dans tout l'univers. Le nom de leurs oppresseurs n'est dans aucune bouche, et chacun préfère le malheur des uns au vain triomphe des autres. Quel Carthaginois fut plus grand qu'Annibal par la prudence, le courage et les actions d'éclat? Lui seul, pendant bien des années, combattit pour l'empire et la gloire contre un grand nombre de nos généraux. Ses concitoyens le bannirent ; et nous, malgré son inimitié pour nous, nous honorons sa mémoire et la célébrons dans nos fastes.

143. Ainsi, imitons nos glorieux concitoyens, les Brutus, les Camille, les Ahala, les Décius, les Curius, les Fabricius, les Fabius Maximus, les Scipions, les

---

Annibal, dans la crainte que les Carthaginois, pour obtenir des conditions moins dures de leurs vainqueurs, ne le livrassent aux Romains, s'exila lui-même.

Scipiones, Lentulos [1], Æmilios, innumerabiles
alios, qui hanc rempublicam stabiliverunt; quos
equidem in deorum immortalium cœtu ac numero
repono. Amemus patriam, parcamus senatui, con-
sulamus bonis, præsentes fructus negligamus,
posteritati et gloriæ serviamus : id esse optimum
putemus, quod erit rectissimum : speremus quæ
volumus, sed quod acciderit feramus. Cogi-
temus denique, corpus virorum fortium, magno-
rumque hominum, esse mortale; animi verò motus, et virtutis gloriam sempiternam : neque hanc
opinionem si in illo sanctissimo Hercule conse-
cratam videmus, cujus corpore ambusto, vitam
ejus et virtutem immortalitas excepisse dicitur,
minùs existimemus, eos, qui hanc tantam rempublicam suis consiliis aut laboribus, aut auxerint,
aut defenderint, aut servârint, esse immortalem
gloriam consecutos.

*L'orateur couronne son chef-d'œuvre par une pé-
roraison si pathétique, que seule, elle mérite gain
de cause. Dans le cadre le plus étroit, Cicéron
trace les mérites de ses défenseurs et la situation touchante des fils de Sextius et de Lentulus
présens. Il prend sur lui tout le danger de l'ac-*

LXIX. Peroratio. Sed me repentè, Judices,
de fortissimorum et clarissimorum civium dignitate et gloriâ dicentem, et plura etiam dicere pa-
rantem, horum adspectus in ipso cursu orationis
repressit. Video P. Sextium, meæ salutis, vestræ
auctoritatis, publicæ causæ defensorem, propugnatorem, auctorem, reum : video hunc prætex-
tatum ejus filium oculis lacrymantibus me intuen-
tem : video Milonem, vindicem vestræ libertatis,

---

1 *Lentulos.* Cicéron nomme ici les Lentulus, et ensuite les Emiles, à cause de Lentulus, un des auteurs de

Lentulus, les Emiles et une infinité d'autres qui ont affermi cette république, et auxquels, certes, je donne
une place dans l'auguste assemblée des Dieux immortels. Aimons la patrie; obéissons au sénat; veil-
lons sur le salut des bons citoyens; négligeons les plaisirs éphémères; que la postérité et la gloire président
à toutes nos actions; soyons pénétrés que la chose la
plus juste est la meilleure; espérons l'accomplissement
de nos vœux; quoi qu'il arrive, supportons-le patiem-
ment. Pensons enfin que les grands hommes ont aussi
un corps périssable; mais que l'âme et la gloire de la
vertu sont de toute durée : et, si nous voyons cette
opinion consacrée dans le divin Hercule, dont on rap-
porte que l'âme vertueuse, s'échappant de son corps
embrâsé, prit son vol vers l'immortalité, nous devons
être persuadés que ces héros qui, par leurs conseils et
leurs travaux, ont agrandi, défendu, conservé cette
vaste république, ont acquis des droits à une gloire im-
mortelle.

cusation. Ses malheurs, dont il fait le tableau,
ont bien expié son prétendu crime. Il se dévoue
pour ses défenseurs, veut partager leur sort, et
produit le fils de Sextius qu'il rendra orphe-
lin. Tout-à-coup il se relève, reprend courage,
flatte les juges, et demande le salut de ses bien-
faiteurs.

LXIX. Péroraison. Juges, j'étais à peindre ces illustres et courageux concitoyens tout resplendissans de
gloire et de majesté, je me disposais à m'étendre sur
un sujet si beau, mais tout-à-coup l'aspect des infor-
tunés ici présens me trouble et m'arrête. Je vois accusé
devant vous Sextius, le défenseur de ma vie, le protecteur de votre autorité et le chef de la cause publique:
Je vois encore, revêtu d'une prétexte, son fils qui tourne
sur moi ses yeux baignés de larmes. Je vois, couvert
de deuil et coaccusé, Milon, le vengeur de votre liberté,

son rappel, et du préteur Emilius Scaurus, l'enquêteur
de l'affaire.

custodem salutis meæ, subsidium afflictæ reipublicæ, exstinctorem domestici latrocinii, represso-
rem cædis quotidianæ, defensorem templorum atque tectorum, præsidium curiæ, sordidatum et
reum : video P. Lentulum [1], cujus ego patrem,
deum ac parentem statuo fortunæ ac nominis
mei, et fratris, rerumque nostrarum, in hoc mi-
sero squalore et sordibus : cui superior annus idem
et virilem, patris; et prætextam, populi judicio [2], togam dederit, hunc hoc anno in hâc togâ,
rogationis injustissimæ [3] subitam acerbitatem pro
patre fortissimo et clarissimo cive deprecantem.

145. Atque hic tot et talium civium squalor,
hic luctus, hæ sordes susceptæ sunt propter unum
me, quia me defenderunt, quia meum casum luc-
tumque doluerunt, quia me lugenti patriæ, flagi-
tanti senatui, poscenti Italiæ, vobis omnibus oran-
tibus reddiderunt. Quod tantum est in me scelus ?
quid tantoperè deliqui illo, illo die, quùm ad vos
indicia, litteras, confessiones communis exitii [4]
detuli ? quùm parui vobis [5] ? At, si scelestum est
amare patriam, pertuli pœnarum satis : eversa domus est, fortunæ vexatæ, dissipati liberi, raptata
conjux, frater optimus, incredibili pietate, amore
inaudito, maximo in squalore volutatus est ad pedes inimicissimorum : ego pulsus aris, focis, diis
penatibus, distractus à meis, carui patriâ, quam
(uti levissimè dicam) certè texeram : pertuli cru-

---

1 *P. Lentulum.* P. Lentulus, dont le père, consul
l'année précédente, avait rappelé Cicéron de son exil.

2 *Populi judicio.* Il fut nommé Augure, malgré sa
grande jeunesse, en considération du mérite de son
père.

3 *Rogationis injustissimæ.* Lentulus Spinther ob-
tint, après son consulat, le gouvernement de Cilicie et
de l'île de Chypre. Il devait rétablir Ptolémée; mais un

le gardien de mon salut, le soutien de la république af-
fligée; ce citoyen dont l'énergie a étouffé l'hydre domestique, réprimé les meurtres journaliers, garanti
vos temples et vos demeures, secouru le sénat. Je vois
aussi plongé dans le même deuil et la même douleur,
P. Lentulus, fils d'un bienfaiteur qui a été pour moi,
pour mon frère, pour ma famille, un père, un dieu.
L'année dernière, ce jeune homme reçut des mains de
son père la robe virile et, d'après le suffrage du peuple,
la prétexte. Cette année, couvert de cette même toge,
il supplie pour son père, citoyen très-brave et très-
illustre, accablé tout-à-coup par l'arbitraire de la loi la
plus injuste.

145. Cette douleur, ce deuil, cette désolation, tant
d'honorables citoyens les ont embrassés à cause de moi
seul, pour ma défense, pour avoir déploré mon malheur
et mon affliction, et m'avoir rendu aux pleurs de la patrie, aux instances du sénat, aux sollicitations de l'I-
talie et à vos prières. De quel crime si grand, Juges,
suis-je coupable? quel forfait ai-je commis, ce même
jour où je vous ai dénoncé les indices, les lettres, les
aveux des monstres qui tramaient votre perte commune, ce jour où je vous ai obéi? Ah! si c'est un crime
d'aimer sa patrie, je l'ai bien expié. Ma maison est en
ruine, mes biens ravagés, mes enfans dispersés, mon
épouse enlevée, le meilleur des frères, le modèle le plus
parfait de tendresse fraternelle s'est précipité dans son
deuil extrême aux pieds de mes plus cruels ennemis.
Moi, chassé de mes autels, de mes foyers, de mes pénates, arraché à mes proches, j'ai vécu loin d'une patrie que, modestement parlant, j'avais sans doute ga-
rantie. La cruauté de nos ennemis, la scélératesse

---

tribun observant que les livres Sibyllins défendaient
aux Romains d'entrer en Egypte avec une armée, ce
projet échoua.

4 *Communis exitii.* Dont Catilina les avait mé-
nacés.

5 *Vobis.* Lorsqu'il exécuta l'ordre de faire périr les
conjurés.

delitatem inimicórum, scelus infidelium, fraudem invidorum.

146. Si hoc non est satis, quòd hæc omnia deleta videntur reditu meo : multò mihi, multò, inquam, Judices, præstat, in eamdem illam recidere fortunam, quàm tantam importare meis defensoribus et conservatoribus calamitatem. An ego in hâc urbe esse possim, his pulsis, qui me hujus urbis compotem fecerunt? non ero, non potero esse, Judices; neque hic unquàm puer, qui his lacrymis, quâ sit pietate, declarat, amisso patre suo propter me, me ipsum incolumem videbit ; nec, quotiescumque me viderit, ingemiscet, ac pestem suam, et patris sui, sese dicet videre. Ego verò vos in omni fortunâ, quæcumque erit oblata, complectar : nec me ab iis, quos meo nomine sordidatos videtis, unquàm ulla fortuna divellet; neque eæ nationes, quibus me senatus commendavit, quibus de me gratias egit, hunc exsulem propter me sine me videbunt.

147. Sed hæc dii immortales, qui me suis templis advenientem receperunt, stipatum ab his viris et P. Lentulo consule, atque ipsa respublica, quâ nihil est sanctius, vestræ potestati, Judices, commiserunt. Vos hoc judicio omnium bonorum mentes confirmare, improborum reprimere potestis: vos his civibus uti optimis : vos me reficere, et renovare rempublicam. Quarè vos obtestor, atque obsecro, ut, si me salvum esse voluistis, eos conservetis, per quos me recuperavistis.

FINIS.

d'amis perfides, la noirceur des envieux, j'ai tout supporté.

146. Si tous ces maux ne suffisent pas, parce qu'ils semblent effacés par mon retour; j'aime mieux, oui, Juges, j'aime infiniment mieux retomber dans la même infortune, que d'attirer une calamité si grande sur mes défenseurs, sur mes sauveurs. Pourrai-je demeurer dans Rome, après l'expulsion de ceux qui m'ont réintégré dans Rome, ma patrie? Non, Juges, je n'y resterai pas, c'est impossible; et jamais cet enfant, dont les larmes font éclater la piété filiale, qui, à cause de moi, aurait perdu son père, ne me verra tranquille en ce séjour. Toutes les fois qu'il m'apercevra il ne gémira point et ne dira qu'il voit en moi la cause de ses afflictions et du malheur de son père. Et vous, mes amis, quel que soit votre sort, je ne vous quitte plus. Jamais l'adversité ne m'arrachera à ceux qu'elle a plongés dans le deuil pour moi; et ces nations, à qui le sénat m'a recommandé, à qui le sénat a rendu des actions de grâces à mon sujet, ne me verront point sans mon libérateur exilé à cause de moi.

147. Mais les Dieux immortels, qui, à mon arrivée, me reçurent dans leurs temples accompagné de ces hommes généreux, du consul Lentulus et de la république elle-même, qui, pour vos cœurs, est la chose la plus sacrée, ces Dieux, Juges, se sont reposés sur la sagesse de votre juridiction. Vous pouvez, par ce jugement, relever le cœur de tous les gens de bien, réprimer les méchans, vous ménager le dévouement de ces excellens citoyens, me ranimer et rendre la vie à la république. En conséquence, je vous en supplie, je vous en conjure, si vous avez fait des vœux pour ma réintégration, conservez ceux qui m'ont ramené au milieu de vous.

FIN.

CHEZ LE MÊME LIBRAIRE.

CICERO. De Lege Agrariâ, orationes tres, *latin-français ; in-*12.

—— Pro Archiâ Poëtâ, *latin-français ; in-*12.

—— In Catilinam, 1, 2, 3, 4, *latin-français ; in-*12.

—— Pro Cluentio, *latin-français ; in-*12.

—— Pro Domo suâ, *latin-français ; in-*12.

—— Pro Ligario, *latin-français ; in-*12.

—— Pro Lege Maniliâ, *latin-français ; in-*12.

—— Pro Marcello, *latin-français ; in-*12.

—— Pro Milone, *latin-français ; in-*12.

—— Pro Murenâ, *latin-français ; in-*12.

—— Orator, *latin-français ; in-*12.

—— De Oratore libri tres rhetorici, *latin-français ;* 2 vol. *in-*12,

—— De claris Oratoribus, et de optimo genere oratorum, *latin-francais ; in-*12.

—— Pro Plancio, *latin-français ; in-*12.

—— In Pisonem, *latin-français ; in-*12.

—— In Verrem de Signis, *latin-français ; in-*12.

—— In Verrem de Suppliciis, *latin-français ; in-*12.

—— Philippica quarta decima, *latin-français ; in-*12.

—— Pro Rabirio Posthumo, *latin-français ; in-*12.

—— Pro Roscio Amerino, *latin-français ; in-*12.

—— Pro P. Sextio, *latin-français ; in-*12.

—— Pro Sullâ, *latin-français ; in-*12.

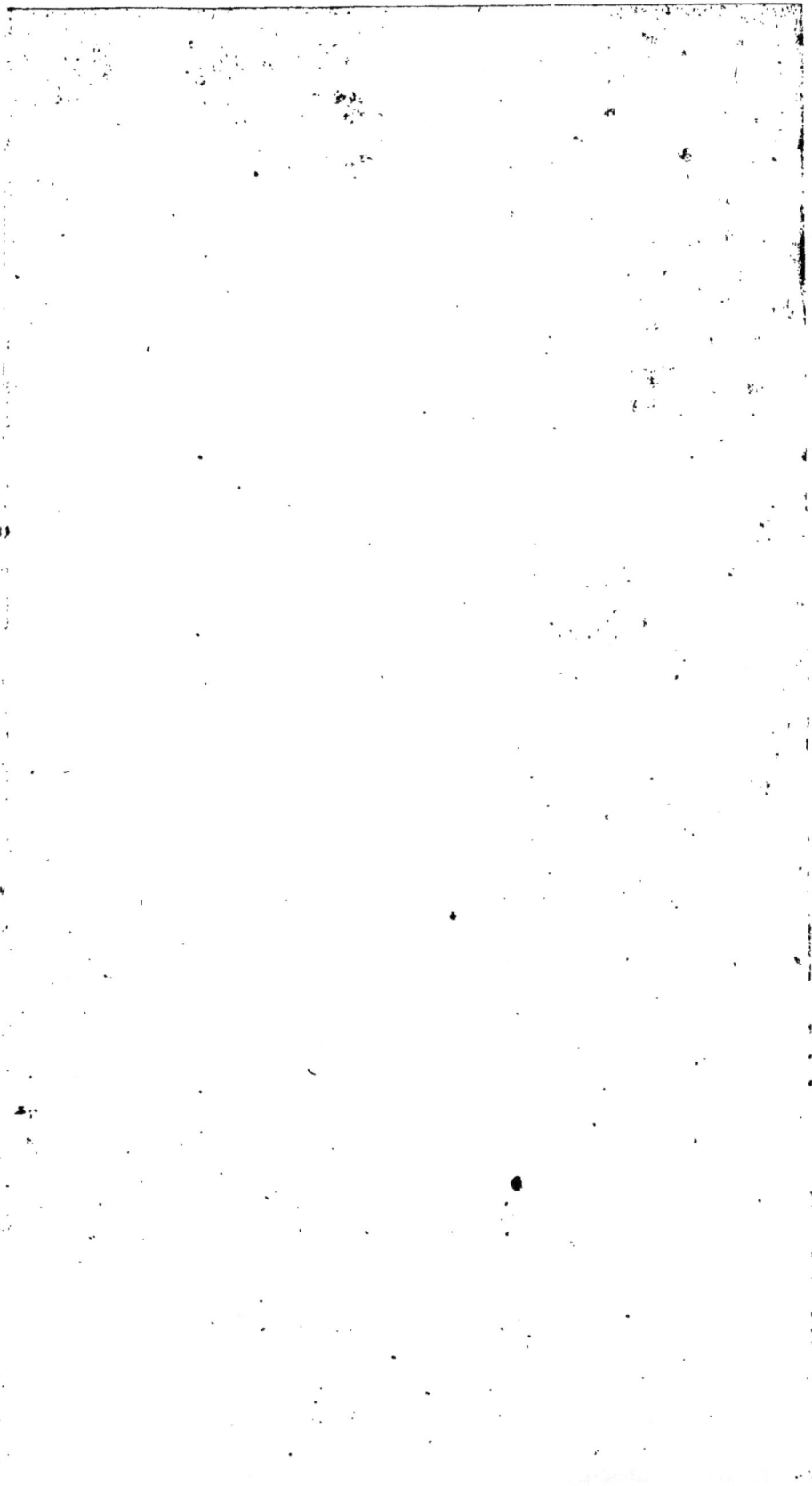

www.ingramcontent.com/pod-product-compliance
Lightning Source LLC
Chambersburg PA
CBHW072032080426
42733CB00010B/1869